D1448006

主恩滿徑

一位平凡女子的不凡追尋

李滿香 著

一位平凡女子的不凡追尋

◉ 劉王仁美

　　認識滿香姊妹是在她喪夫之後，帶著兩個孩子，由賓州搬到洛杉磯，加入台福教會的時候。這十多年來，身為這個教會的牧師娘，我看著她渴慕追求、忠心服事；長年以來在教會教導成人主日學、關心單親姊妹們、擔任教會的執事，台福通訊的讀者更是個個知其大名。為她加入這個大家庭，我向主獻上感謝。

　　早年喪夫的悲痛並沒有擊倒她，反而領她更親近天父，在孤單困境中，使她寫出這麼多篇感人的文章，就如她自己所說：「神可以使妳的眼淚，變成活水的江河，去灌溉那貧瘠的心田。」她的文章平易近人，生活上所遭遇的每一件事都可以成為寫作的題材，每一篇都是她親身的體驗、生活的寫實，讀來親切而實際，這些年來多少人從她的文章中得到共鳴與啟迪。

　　就如書名《主恩滿徑》，在她人生的小路中，滿有神的恩典，有時是祝福、有時是提醒，有時是光照、有時是責備，她並不忌諱把自己的軟弱、失敗、掙扎都記錄下來。字裡行間，看出她隨時把神擺在面前，所經歷的每一件事，神必參與其中，這些都互相效力，因著她愛神，神就使她得益處；也因她戴著感恩的眼鏡看每一件事，所以這本有血有淚的見證集，處處充滿了神的恩典及賜福。

　　願每位讀者同樣存著敬畏神、凡事謝恩的心情，從滿香姊妹活生生的分享中得著激勵，重新調整我們生活的重心，以神為主，凡事討祂的喜悅，願這本書成為多人的祝福，也使神的名被高舉、得榮耀。阿們。

序曲—主恩滿徑

　　多年來，有不少人建議，我應該把這幾年來所寫的見證小品收集成書，好幫助一些有相同遭遇的人。但我一直裹足不前。一方面我不敢相信自己所寫的文章夠資格被編輯成書，因為都只是生活中的點點滴滴，不是什麼文學作品。

　　但承蒙台福通訊總編輯蘇文安弟兄不斷的鼓勵（我的作品絕大多數發表在台福通訊，並經文安兄修改潤飾過），再加上已有人為此書的出版愛心奉獻，使我鼓起勇氣把這件事擺在上帝的面前，希望這真的是出於祂的美意，也希望這本書真的能榮神益人。

　　回顧這十二年來所寫的文章，我發現我所作的見證，有很多不是我的失敗就是我的軟弱。但在失敗中我才體會出上帝的恩典，在軟弱上我更看出上帝的慈愛。我和孩子們這幾年來所走的路，有山有谷，我們度過的日子有歡笑也有淚水，但最重要的是上帝的手從未離開我們。祂曾打破又纏裹，祂也擊傷又醫治，因為祂所愛的祂必管教。

　　雖然我們母子三人在上帝的安排下，走的不是一條漂亮筆直的康莊大道，但卻是充滿了主恩的小徑。願一切的榮耀歸給我的救主耶穌基督及天上的父神。

　　謝謝所有以禱告和關懷陪我們走過這段旅途的親人好友們。謝謝為本書的出版奉獻經費的讀者們。當然也要感謝為這本書策劃、包裝、編輯、催生的蘇文安弟兄。

目錄

在初爲寡婦與單親時

（八三至八四年）

祂的意念高過我的意念

上帝最關心的，並非我們所居何處、如何
謀生，而是我們所處的光景。

我先生在一九八二年八月過世，留下一棟才買了兩年的大
房子及兩個上小學的兒女。當一切後事處理妥當後，我開始面
對許多現實問題。

首先我必須找到一份工作，並且把房屋賣掉，因此我先把
這兩件事帶到上帝的面前來祈禱。

很快的，我就在養老院找到一個助理護士的工作。但第一
天上班後，我就倒在沙發上痛哭起來。爲什麼我會淪落到作助
理護士？我以前是當過護士長的，先生又曾是外科醫師，越想
越傷心，覺得上帝實在太不公平了。

沒幾天，我收到姊姊的信，說我八十三歲的老母親，不愼
跌了一跤，斷了大腿骨，已住院開刀，現在由各姊妹輪流看顧
中，以後有好一段日子都會坐在輪椅上。

我看了又心疼又心急，却無法回去照顧她，只好把對她的
愛心及渴望服侍她的心願，用在我的工作上。上帝爲了教導
我，不惜用我的母親來受苦，因爲她老人家信心很好，不但不
發怨言，反而感謝上帝讓她生了一大堆的女兒，現在才有人可
以天天服侍著。

我的房屋自去年廣告標售，前後也有好幾對夫婦來看，但
就是沒人有興趣買，我急得像熱鍋螞蟻，時常發牢騷。朋友

說，現在天寒地凍，妳賣了房屋要搬到那裡去？說的也是！我就一面禱告一面等著。

三月底有一個人從外州回來找房子，只看了我這間就喜歡，兩天內決定一切，價格很使我滿意，並且同時買下我們為這棟大房子加添的昂貴傢俱，預定六月七日移交，剛好是學校結束之日。我告訴所有的人，上帝為我賣了房子，因為除了祂沒有人可以做出如此美妙的安排。

我一直想，等房屋賣掉後，我們就要離開這個寒冷的小城。到大城市去或回台灣，因此我就為這件事開始祈禱。不久，我收到一封以前工作的彰化基督教醫院護理主任的信，她說：彰基二林分院需要一位會講英語的護士，因一位美國醫師八月要在那裏開始工作，我如想回去，這個工作就是我的。

我的心一下子就火熱起來，想到又可以戴白帽子上班是多麼開心與驕傲的事。但與在台的家人通了電話後，大家都反對，主要是孩子的教育問題，我內心開始為這件事交戰不已。到底是孩子的教育重要，還是我的事業重要？甚至與此地的牧師交換了意見並一同禱告都沒得到結論，後來我在一篇文章讀到這麼一段話，心才平靜下來。

「上帝所最關心的並非我們所居何處、如何謀生，而是我們目前所處的光景。上帝的意念高過我們的意念。我們所關心的，大不了只是事業前途和物質需要，然而上帝所關心的，是我們如何在生活中彰顯祂的榮耀。唯有如此，我們纔能享有聖靈所結的果子——平安、喜樂、仁慈、忍耐等等。我們顧守財物，祂卻關注智慧。我們顧及權勢，祂卻關切純潔。我們顧念事業，祂卻關懷品格。因為祂比我們更瞭解我們自己的需要，

因此祂的意念總是高過我們的意念。」

　　我不得不又回到上帝面前，要找一個地方安頓下來。到大城市去，坦白說我實在沒有足夠的勇氣，我們現在住在賓州北部一個小城，人情味濃厚，治安又好，兩個孩子又很喜歡住在這裏，所以我求上帝趕快幫我找個住處。

　　禱告後第二天，以前的鄰居打電話來，兩年前我們租的房子六月一日又要空出來，我實在有點不敢相信。我馬上與房東交談，不到兩分鐘一切已都O.K.。這位好鄰居她的女兒是我孩子們的 baby-sitter，她兒子夏天會幫我割草，她先生冬天將幫我鏟雪。

　　對於上帝的這些恩惠，我一方面感激，但也一方面得寸進尺了。我說：「親愛的上帝，養老院的工作，我不是不願意作，只是時間很不適當，每天我必須五點半起床，兩個孩子一大早要送到別人家裡，自己再走到學校去，我們常常弄得很不愉快，我需要一個比較適當的工作……。」感謝主，今年七月我可能會到一個七位醫師合開的診所上班了，時間是早上九點到下午五點，我們不必再早起，晚上又可以在一起。

　　為什麼上帝現在如此的恩待我？以前我所求的祂並沒那麼容易答應，尤其關於我先生的生命，難道我沒奉主耶穌的名迫切的祈求嗎？關於這一點，我與一位非常愛主的姊妹交談，她說上帝對初信者與心靈受傷的人，總是比較偏愛的，就像父母對於幼小與生病的孩子的要求比較容易接受一樣。

　　「我所作的，你如今不知道，後來必明白。」（約十三7）

　　「你們所遇見的試探，無非是人所能受的。上帝是信實的，必不叫你們受試探過於所能受的，在受試探的時候，總要

給你們開一條出路，叫你們能忍受得住。」（林前十 13）

　　雖然至今我仍不明白，爲什麼上帝要讓我親愛的丈夫那麼早離開我，但我已確信祂會爲我開出一條路來。

　　　　　　　　　　　（發表於 1983 年 5 月 10 日）

無限的懷念

> 彌留之際，你用盡全力叫道：「滿香，我
> 愛你！」而我卻爲你的靈魂焦慮萬分！

邦光：

「你現在在那裡？」——這差不多成爲我每天的思想中心
了。雖然你已永遠的離開我，再也無法聽到我的細訴，但我依
然有那麼多的話想告訴你，如果我現在不寫下來，等我們見面
時，恐怕我已忘記。

是你走的前一天，我們的牧師 Dr. Granhnm 來看我們，
我正伏在你的床邊暗自低泣，看到他更是無法自己，所以他建
議我和他到外面走走，我迫不及待地告訴他，你從來不是一個
基督徒，雖然偶而你也上教堂。我想知道你的靈魂能否上天
堂。他很肯定地回答我說，你會的，因爲你是那麼正直。但聖
經明明說：沒有信耶穌的人不能進天堂，除非你能回來告訴我
你已在那裡享福，否則我這一生大概就要在懷疑中度過了。

我們兩年前買的那棟漂亮的大房子，我已把它賣掉。自從
你走後，物質上的享受對我來說一點也不重要了，我與兩個孩
子又搬回我們以前租的那間小平房。你的東西送的送、丟的
丟，只留下一些有紀念性的而已。你的遺囑中說：要把醫學的
書送給彰化基督教醫院的圖書館，但它們是那麼的笨重，我實
在無能爲力，只象徵性地帶幾本比較貴重的回去。

你對彰基似乎有特殊的感情，難道只因那裡是我們相遇的

地方嗎？記得我曾問你爲什麼會喜歡上我，你說我那充滿信心及聖歌的生活是你所嚮往的。結婚十一年來，你仍然只停留在嚮往的境地，而不願加入我的信仰生活。是我沒有盡到引導你親近主的責任？還是你保守的性格使你不願表明出來？但耶穌說：「你如不在別人面前認我，我將來在天父的面前也不認你」，我每天仍然祈求上帝原諒你，並把罪過歸在我的身上。

不久前，你的好友蔡醫師送來你仍然留在醫院的白外套，我發現口袋裡有一張小紙條，上面用英文寫了不少的 I would ……。其中一條却讓我又哭了起來，因你寫「我將更愛我的妻子」。

喔！邦光，你已經愛我夠多夠深了。當醫師告訴我他已無能爲力時，我打電話給你在嘉義的父親，他要我趕快問你有什麼話要交待的，雖然你是醫生，了解自己的病情，但我實在不願在你面前如此的表示，所以一直僞裝得很樂觀，並盡量說些鼓勵及安慰的話。但你父親的意思我也不敢違背，只好問了。

想不到你倒很平靜地說，讓你想想看。那時你的呼吸已非常困難，講話更不用說了，剛好護士要來給你做治療，我就到外面去，不久護士對我說，你要見我。我還沒走到你的身邊，你已使出全身的力量叫出：「滿香，我愛你！」以後斷斷續續的也只願意說這三個字而已。

在最後的人生路上，你認爲再也沒有比這三個字更重要的嗎？邦光，你一定不知道我爲你的靈魂急得要命，那也是我爲什麼一直向你述說耶穌釘十字架時，旁邊一個強盜要求耶穌救他靈魂的事，我希望你也能在最後五分鐘求耶穌救你。每次我讀到使徒行傳十六章 31 節說：「當信主耶穌，你和你一家都

必得救。」我就在心裡哭叫，主啊！但願祢能救我的先生。

　　遺囑裡你說到，因不能盡為夫為父的責任而心感痛苦！邦光！請安心吧！你已盡了你一切的責任了。甚至你後來再拖三年的痛苦日子，其意義更大，因為你多活了三年，我們的婚姻才滿了十年以上，我才有資格領取你的社會福利金。現在我們母子三人每個月靠你的社會福利金生活得比許多人更充裕。每想到此，我就對上帝的恩典感激不盡。

　　也許我們都曾埋怨，為什麼上帝讓你那麼早就離開世界？但現在我已明白，上帝看千年如一日，我們在世上活一年和一百年，對祂來說是沒有什麼差別的。

　　因為你的死，我更體會出傳道書所說的「虛空的虛空」，對週圍的靈魂却更關心起來。首先我就想到你的好友蔡醫師，想不到他竟對我說等他賺夠了錢，退休了才有時間和閒情去追求屬靈之事。我每天也為他禱告，但願他能活到一百歲。

　　我知道你一直很關心孩子的教育問題，希望他們能受高等教育，但我現在只求他們將來能愛人，更愛神，只要他們能仰望上帝，相信上帝會賜福給他們。他們既然失去了地上的父親，只有依靠天上的父親了，你說是不？我也開始出去作事，是照顧年老的人，我並不缺錢用，但我會儘量去做，你安心地等待吧！當我們相見時，一定有更多的話可以告訴你。

你的愛妻

滿香敬上

寫於 1983 年 7 月 20 日

作者按：文中的蔡醫師已於 1993 年受洗，並在教會中熱心服事主。

主恩永在

　　我再也不敢怠慢，一定要趕早傳揚福音，
不敢再等到最後一分鐘了！

　　今年八月過去了，我先生已離開我們一年。一年來承蒙各方朋友的幫助與關懷，使我們仍然安安穩穩地過著日子。而上帝在這一年中給我們的恩典，更是無法勝數。

　　一年來我們的生活沒有多大的變化，但我的心思意念却有很大的不同。

　　起初由於對先生的懷念，我曾迫切地想知道他的靈魂到底到那裏去了，因此曾到圖書館去借了不少有關靈魂出竅的書來看，寫得可眞活靈活現的，但我不但沒得到答案，反而天天作惡夢，好幾晚都不敢睡覺。

　　後來我想，聖經裏一定有更好的信息，可不是嗎？在帖撒羅尼迦前書四章裏就有這樣的話：「論到睡了的人，我們不願意弟兄們不知道，恐怕你們憂傷，像那些沒有指望的人一樣。我們若信耶穌死而復活了，那已經在耶穌裏睡了的人，神也必將他與耶穌一同帶來……以後我們這活著還存留的人，必和他們一同被提到雲裡、在空中與主相遇，這樣，我們就要和主永遠同在。所以，你們當用這些話彼此勸慰。」

　　其實我先生並不是一個基督徒。從小他就生長在一個非常虔誠的佛道敎家庭，並且被獻給媽祖當乾兒子，可是他心中沒有救主，常常覺得空虛。當我試著向他傳講主耶穌的道理時，

他却又聽不進去，現在我知道都是我不好，我自己不冷不熱，沒有聖靈在心裡作工，那有能力引導別人來信主？每晚我仍然祈求上帝，把他當初不信的罪歸在我身上。

不過感謝主，當他在彌留之際，我又再次在他耳邊訴說主的救恩，他也答應願意接受。關於這件事我一點也沒把握上帝是否接納了他，所以曾與多位牧師交換意見，他們都相信他已得救，並且要我放心，因為耶穌被釘十字架時，旁邊那位強盜也是在最後一分鐘才求告主名的，但我對主說：我再也不敢怠慢，一定要趁早傳揚祂的福音，不敢再等到最後一分鐘了。

現在我心裏有一個負擔，希望大家在禱告中支持，就是我先生的家人仍然沒有人信主，他們是那麼好的人，失落了多可惜！不過他們對神明的敬仰真是比我有過之而無不及。我常想，如果我有他們三分之一的信心來信靠主，不知要得到多大的賜福！可惜他們拜錯了神，要引導他們不知有多困難。

但人看為不能的，在主凡事都能，現在我只能先替他們禱告，願主作工。偶而在信中也提一點，還不敢冒冒失失的說「你們要來信耶穌，否則會下地獄！」我這個做媳婦的，又是基督徒，人家沒有責怪我把一個好好的兒子剋死，已經夠仁慈了，還想造反？喔，主啊！祢該了解我心中的苦楚與不忍，如果這是祢要我背的十字架，請幫助我。

以前我不明白為什麼上帝允許我那麼早就失去伴侶，現在慢慢思想，上帝實在太愛我了，才不讓我先生多拖上幾年。

以前我不愁吃、不愁穿，把上帝踢在一邊、聖經束之高閣，上教堂是為了穿漂亮的衣服，參加聖歌隊更是在炫耀自己的歌喉，所作所為既不榮神也不益人，好在我們的主又憐憫又

仁慈，當我低頭來到祂的面前時，祂不但沒趁機教訓我一頓，反而伸手擦去我的眼淚，我是那隻掉在山谷的小羊，好不容易被主尋到，我要永遠住在祂的羊圈裡，再也不敢亂跑。

　　我先生對不能盡到為夫為父之責，一直耿耿於懷，更盼望孩子將來能受到最高等教育。馬太福音六章 33 節，耶穌如此說：「你們要求先祂的國和祂的義，這些東西都是要加給你們了。所以不要為明天憂慮，因為明天自有明天的憂慮；一天的難處一天當就夠了。」所以我要告訴他，請放心，我們的孩子既然失去了地上的父親，只有依靠天上的父了。

　　　　　　　　　　　　　　（發表於 1983 年 11 月 28 日）

牆上的人

　　未婚者在牆外，已婚者在牆內，而我這個
　　已婚又喪夫者是在那裏呢？

　　當我打算參加一九八三年的使者家庭夏令會時，我並不知道今年的主題是什麼？以前從未參加過，只聽說很好。剛好我打算帶兩個孩子出去走走，便報名參加了。由於報名太晚，已沒有房間給我們，必須與朋友全家共住一間。

　　第一晚聽完李秀全牧師及師母的講道後，心裏暗暗叫苦：上帝可真會捉弄人！我結婚十一年，從沒聽說過什麼家庭夏令會，今年是我先生去世第一年，我却參加了，主題竟是「夫婦相處之道」。

　　第二晚我再也忍不住地去找李師母談話，說：「能不能講點單親的問題？」李師母很抱歉地說：「實在沒時間。」不過她給我一個晚上的個別談話，後來我們得到一個結論，至少我可以把聽到的幫助別人，那也是最後一晚我站起來作見證的原因。

　　有人形容婚前與婚後就像牆裡和牆外的人，外面的人很想進去，已經在裡面的人却又恨不得跑出來，怪不得現在離婚率那麼高。但我們基督徒却不能有離婚的想法，因為聖經上明明記載「上帝所配合的人，不能分開」。

　　我想，一定有不少人非常感謝使者協會每年都舉辦家庭夏令會，讓他們一年可打一劑預防針。至於我應該算是那一邊的

人？忽然一個很好笑的念頭跑進我的腦海裡，我不就是坐在牆上的人嗎？所謂當局者迷，旁觀者清，我可以把兩邊都看得很清楚。在痛心之餘，忍不住也想感謝上帝賜給我這特殊的頭銜。

去年的我可沒這麼瀟灑，為了我先生的病及他的生命，我幾乎與上帝吵起架來了。為什麼？為什麼？疑惑不斷地在我心中盤旋，祂就是那麼有耐心：「我所作的，你如今不知道，後來必明白。」主啊！我真的不明白，但以後我們怎麼過日子？祂說：「我不撇下你們為孤兒。」沒辦法，只有低頭來到祂的面前。

感謝主！一年來我們得到的幫助與關懷，實在無法數算。更奇妙的是，上帝開了我的心眼，我才知道以前我所追求的不過是世界的榮華富貴，對事奉神一點熱心也沒有，遇到試煉只知道哀聲歎氣，從來不省察自己是否虧欠了主恩。

現在我已從約伯身上學到忍耐，「賞賜的是耶和華，收取的也是耶和華，耶和華的名是應該稱頌的」，我已經有了十一年的婚姻生活，又有兩個寶貝兒女，難道上帝給我的恩典還不夠嗎？何況「神所懲治的人是有福的，所以你不可輕看全能者的管教，祂打破又纏裹，祂擊傷用手醫治」，但願上帝繼續教導鍛鍊我，使我能成為祂有用的器皿。

（發表於 1984 年 1 月 10 日）

一篇見證帶來的賜福

　　我只爲主寫了一篇見證，祂的恩典就如大
雨傾注在我身上。

　　去年六月五日我那篇「祂的意念高過我的意念」刊出後，
眞有意想不到的收穫，很多久未聯絡的朋友因而出現，但我覺
得好像說了一個未完成的故事，尤其關於我的工作，因爲事與
願違，後來我並沒有到診所去上班，但我覺得這也是「上帝的
意念高過我的意念」的又一證明。

　　現在我的工作是爲一對九十歲的夫婦當私人看護。老太太
因風濕病整天以輪椅代步，但頭腦清醒，信仰純正；老先生已
開始出現退化症，但却有天使般的笑臉。

　　他們家裡幾乎所有的東西都與信仰有關，屬靈的書更是不
可勝數，我開始工作的那段日子，正是心裡最空虛、靈性最貧
乏之時，進入那房屋，就像一個餓得半死的人，忽然看到滿桌
的美食，大家可以想像那時的我是怎樣的囫圇吞嚥。

　　我時常向老太太請教一些屬靈的問題，但如遇到她不明白
的，她會說：「隱秘的屬於上帝，顯明的才屬於我們」。有一
次我正很小心地在爲她作物理治療，一面閒談著，不知何故談
到雷根政府對老人健康保險的問題，我討好地說：「雷根好像
不太關心老年人……」，想不到她非常嚴厲並生氣地指責我
說：「聖經明明教訓我們要服從掌權者，並爲他們禱告，因爲
他們也需要從上帝來的智慧」，還叫我以後在她的家裡不可再

論斷人。坦白說，我眞是羞得無地自容，除了小心賠不是以外，心理也實在感動得很，美國會如此強盛，難道是沒有原因嗎？

去年復活節，我們一起在電視機前看耶穌生平的影片，當我看到耶穌被釘十字架時，大概又聯想到我先生的死，竟忍不住哭出來，的確那時候我的眼淚像關不緊的水龍頭，隨時都會流出來，上帝知道我受創傷的心還沒有復原，不可能在診所上班，因爲那裏需要的是笑臉不是眼淚。主啊！我感謝祢，本以爲會失去一個好的職位，其實也都是祢美好的旨意，何況我從老太太的身上學到那麼多做人的道理。

去年夏天，我帶兩個孩子到東部去拜訪親戚朋友，順便參加使者家庭夏令會，講員勉勵在座的夫婦，要多多彼此說親蜜的話。最後一晚見證會時，我站起來，說到我先生在世最後幾天什麼話都不想說，只不斷地對我說 "I love you!"。短短的見證，但有很多人都受了感動，有人馬上站起來對他的太太說以後我要多說親密的話，不再只是埋怨和挑剔，也有人對她的先生說：「我要多說親密的話，不再只是訴苦和批評。」

不久之後，有人送我唐崇榮牧師在台福教會所有的佈道及培靈講道錄音帶。他的講道，據一位姊妹形容，的確「天才橫溢」，我躲在這個小山鎮，也有福氣聽到他的講道，不只是一次，而是一而再，再而三的重複。

我還沒有爲主作什麼，只寫了一篇見證，上帝的恩典就像傾盆大雨落在我身上。

我要特別感謝台福教會給我做見證的機會，並且每週爲我寄來台福通訊，蔡麟牧師夫婦對我更是愛護有加，他們一直鼓

勵我搬過去與大家分享敬拜上帝的喜樂。但上帝的意念高過我的意念。我願意順從祂的引導。

　　最後我要選用《荒漠甘泉》裡一月十日的一句話做我的禱告：「神的靈啊，我把選擇的責任完全交託給祢，求祢封閉左道，不讓我的腳步走在一切不是神命定的路上。當我偏左傾右的時候，求祢讓我聽見祢的聲音」。阿們！

（發表於 1984 年 4 月 22 日）

禱告的母親

　　我父親信主了，我先生卻沒有，為什麼？

　　我常想我一定是母親肚子裡最後一顆卵，因為她在晚年才
生了我，上面已經有兩個哥哥和七位姊姊，所以在我的印象
中，她從來沒有年輕過，永遠是一頭阿婆仔頭和清末的上下
裝，化妝品對她而言是陌生的，高跟鞋連穿都不敢穿，她的腳
曾被綁過，因此腳趾頭很難看，但小時候我最喜歡玩的就是她
那些難看的腳趾頭。

　　如果要講她如何信主的經過，會很長，只知道她常說信主
以前她是以淚洗面，信主以後耶穌就擦去她的眼淚了。的確，
除了姊姊們出嫁以外，我沒看她哭過。

　　我們住在太子宮，一個離新營不遠的小村，每禮拜她就雞
母帶雞仔似的，從太子宮走到新營去做禮拜，我這隻小雞時常
是伏在她的背上去的。

　　後來我們太子宮也有了一間小小的禮拜堂，她更忙了。我
們家在村頭，禮拜堂剛好在村尾，每天她就村頭村尾地走，並
且到處去拉人來做禮拜，很多小孩子看到她都會說：「耶穌來
了。」大概從她的身上真的發出耶穌的光輝吧！

　　母親沒上過學堂，一生只會看羅馬字的聖經和聖詩，那時
我們的父親不信主，因為他是讀書人不作興這一套，我的母親
從不向他傳教，只為他禱告。

　　終於我這隻小雞也長大了，開始交男朋友，母親看我交的

男朋友沒信主，心裏不知有多難過，當我們決定結婚時她說了一句話：「女兒，妳自己選的十字架，妳要好好的背著。」我的十字架的確不輕，以我這麼瘦小的身體竟背得動，一定是她在背後爲我禱告在支持著。

　　兩年前我帶我先生的骨灰回去，母親流著淚對我說：「我是在哭妳，不是在哭他。」喔！母親，我知道您的意思，因爲我也是爲我的孩子失去父親而哭。

　　母親今年已八十四歲，坐在輪椅上，我們都知道她留在世上爲我們禱告的日子不會很長。但無論何時主要接她回去，我們都會唱哈利路亞，那時我們流的淚，也將是感激的淚，因爲在沒有權利選擇母親的情況下，祂賜給我們這樣一位好母親，可惜我沒有學她的榜樣，以前只向我先生傳教却沒有替他禱告，難怪後來我父親信主了，我先生却沒有。

（發表於 1984 年 5 月 10 日）

單親生涯

> 每天早上，我把兩個孩子交在上帝手中，
> 求祂帶領，晚上又把他們獻在主前，希望
> 將來能作祂的器皿。

報章雜誌時常刊登，美國的學童有多少是生長在單親家庭裡，以前我對這樣的文章都只是瞄一下，覺得不關我的事，大概以為單親都是因離婚而引起，沒想到死亡也是原因之一！

我這一生最難忘懷的，是我的兒子與他父親話別那一幕了。

朋友知道他已走到人生的盡頭，示意把我兩個孩子帶到醫院來。六歲的女兒看到她做醫生的父親躺在床上奄奄一息嚇得放聲大哭，倒是九歲的兒子牽著他父親的手說："Daddy, I miss you！"他父親好不容易也從氧氣罩下吐了最後一句話給他："Be a good boy"。

第二天他父親就離開了使他受苦難的這世界，兒子含著淚，坐在沙發上玩弄著魔術方塊，（他父親教會他玩六面），我走過去，把他抱在懷裡，叫他好好地哭一場，從那個時候起，我已了解，從今後我是他們唯一的 parent 了。

所謂嚴父慈母，我的確盡量都在扮演慈母的角色，以前兒子不聽話，都是他父親罰他站一個小時，我看了不忍心，還會替他討價還價。現在我要母代父職，要慈要嚴竟然不知所措。

　　有一次兒子把功課拿來問我，我說我不會，他竟然發起脾氣說我懶惰，我用英語和他吵了一回，覺得實在力不從心，痛心之餘我問他：「如果現在你爸爸站在你的身邊，你想他會如何？」我想他大概還沒忘記常被罰站之事吧！沒想到他回答說：「爸爸會幫助我。」老天！原來他期望我也像他父親一樣的萬能呢！

　　從那天起，我開始想充實自己，就在大學修了課，老實講，我簡直是鴨子聽雷，花了錢又受了罪，心裏真是難過到了極點，開始埋怨上帝：「主啊！祢帶錯人了，該走的是我不是他。」

　　「凡事都有定期，天下萬物都有定時，生有時死有時……」上帝的聲音非常宏亮地從傳道書傳了出來。「但是我一個這麼無用的女人，如何單獨撫養兩個年幼的孩子呢？」

　　「你要專心仰賴耶和華，不可依靠自己的聰明。」——因此我把兩個孩子叫來，坦白對他們說：「你們的母親只是一個非常平凡的女人，沒有受過什麼高等教育，祖父既然堅持你們留在美國受教育，你們要完全靠自己努力，我們雖然失去了爸爸，但我們有上帝可以依靠。」

　　有一次，一個朋友打電話來罵我，因她看見我的兒子在路上騎腳踏車跑得飛快，她說：「妳只有一個兒子還這麼放心！」我回答說：「如果沒有上帝在看顧，十個兒子也不放心。」我在一本書讀到這樣一段話：「上帝對於單獨撫養孩子的父母都有特別的恩賜與應許，我們不必把孩子緊捉住不放，把他們交給上帝，有一天上帝會把他們交還給我們。」

　　一年來，我時時刻刻仰望耶和華，神也讓我從以賽亞書五

十四章裡得到很大的安慰與鼓勵「……不要懼怕，因你必不致
蒙羞，也不要抱愧，因你必不致受辱。你必忘記幼年的羞愧，
不再記念你寡居的羞辱。因為造你的是你的丈夫，萬軍之耶和
華是祂的名……」。

「……你這受困苦、被風飄蕩不得安慰的人哪，我必以彩
色安置你的石頭，以藍寶石立定你的根基，又以紅寶石造成你
的女牆，以紅玉造你的城門，以寶石造你四圍的邊界，你的兒
女都要受耶和華的教訓；你的兒女必大享平安……」。

現在，每天早上，我把兩個孩子交在上帝的手中，求祂帶
領，晚上又把他們獻在主前，希望將來能作祂的器皿，我們的
路途還遠，途中一定仍有荊棘，但我們不再懼怕，因有神與我
們同在。

（發表於 1984 年 6 月 10 日）

在開始安居扎根時

（八四至八六年）

踏出第一步

原來上帝已經把我要來加州的事情聽得清
清楚楚了，只等我把腳伸出去而已！

　　一年來，我不斷地祈求上帝，為我開前往加州的門，因為
我渴望到加州來加入台福教會。但我口中唸唸有詞，心裡卻半
信半疑，我真的有能力在大都市謀生嗎？住在小山鎮雖然寒冷
單調，但也非常安全，我像一隻井底的青蛙，只敢抬頭望天，
卻沒有勇氣跳出來，台福雖然每週都為我寄來通訊，並不能滿
足我對靈糧的需求，可是加州那麼遠，上帝真的能帶領我去
嗎？會為我在那邊預備一切嗎？

　　有一天，當我讀到約書亞記第三章時，忽然開了竅，因為
看到抬約櫃的祭司，腳一入水，河水就分開立起成壘，變成乾
地讓以色列人過去，原來上帝已經把我要來加州之事聽得清清
楚楚了，只等我把腳伸出去而已。

　　回想幾個月來，對加州之行反反覆覆，真像一個善變的女
人。其實是我信心不足，恐怕一到加州，要面對花花世界，會
受到傷害，因此想在井底多待一些時日。但一方面對台福教會
卻又情有獨鍾，真是魚與熊掌不可兼得。那天讀經後信心大
增，相信上帝一定會開路的，就決定搬家了，當然禱告時也沒
忘記把這決定告訴上帝一聲。

　　不知過了幾天，某天晚上好夢正甜，忽然鈴聲大作，看看
鬧鐘是十二點半，是誰在深更半夜打來？原來是在加州開業的

一位醫生朋友，可以提供我一個工作的機會，上帝實在一點不含糊，「祈求的就得著，尋找的就尋見，叩門的就給他開門」。上帝的應許明明記在經上，但我的信心多麼的軟弱，好在上帝並不因我的不信就掩面不顧，我除了戰戰兢兢的順服在祂的面前外，只有稱頌又稱頌。

　　然後就是一連串的打包，來美十二年，這是第八次搬家了，什麼時候才能停止這種遷居的生活？大概只有回天家的時候吧！想到那時不必再自己打包，耶穌在那邊為我們準備了一切，忍不住竟微笑起來。

　　可是這次是到加州去，不是回天家，打包事小，坐飛機事大，一想到坐飛機我就全身無力。兩年前，當我與兩個孩子要從台灣回來時，恐怕自己一人無法照顧兩個孩子，自作聰明的吃了兩粒暈機藥，沒想到一上機就頭重腳輕眼花撩亂，好像喝醉酒似的，入境表都無法填寫，整整三天不能看書寫字，連打電話都摸不著號碼，那時是怎麼回到賓州的，大概只有上帝知道。這次要來加州，死也不敢吃藥。

　　「怎麼辦？」

　　「禱告吧！」

　　「上帝也管這種閒事嗎？」

　　「試試看再說了。」

　　「主啊！祢知道我的毛病，幫幫忙好嗎？」

　　以前坐飛機一點東西也不敢入口，只能閉目養神，仍然翻胃翻得苦水都吐出來，但這次一上機就吃吃喝喝不下五次，還可以看書，並欣賞窗外的雲景，不一樣就是不一樣。早知道上帝也管這等事，以前也不必受那麼多的苦。忽然想到一位老太

太的話，她說：「妳這次去加州，上帝不僅會在那邊等妳，祂也會與妳同行的。」一點也沒錯，真是感謝讚美主。

　　來到加州後，受到蔡牧師一家人的款待，深深體會到與愛主的人同在是何等的喜樂，不到一星期，一切就安頓妥當，工作也很順利，每個禮拜又能在台福教會領受豐富的靈糧。有個主日，劉牧師的講題是「清心的人有福了，因為祂要遇見上帝」，回顧幾年來，自從先生生病、過世，到自己面對生活的挑戰，那一天清心過？是的，我希望也有一顆清心，不再受這個世界的七情六慾所捆綁，能成為一個真正跟隨主腳蹤的人。

（發表於 1984 年 10 月 7 日）

走火入魔乎？

難道真如朋友所説，我已走火入魔了嗎？

如果有人問我搬到加州如何？我除了會說有享受不完的陽光外，就是與台福教會的關係了。

從小我就在基督教的家庭長大，後來又在基督教的醫院當護士，好像一生都在基督教的環境下過日子。但那也是所謂的基督教徒而已，與重生得救差了十萬八千里，更別說被聖靈充滿了。

但人家就是要說我是一個又虔誠又熱心的基督徒，害我自己也自命不凡起來，難怪耶穌說：「衆人都說你好的時候，你就有禍了。」的確，我從來沒想到自己是一個大罪人，如果不是上帝特別愛我，給我一點點苦頭吃，今天我還在糊裏糊塗過日子呢！

爲什麼我要強調與台福教會的關係？以前也是上教堂作禮拜呀！坦白說，以前作禮拜時，很少把牧師講的信息，一句一句地聽進去，往往一顆心不知跑到什麼地方逍遙去了，等到它玩夠了跑回來已經在唱阿們。

但現在我最期待的就是禮拜天到台福教會，尤其每次在唱「祢是主，祢是主，祢從死復活做救贖我的主，我的腳跪拜，我的口承認，耶穌基督是主」時，我都感動得喉嚨發緊、眼睛濕熱，自己都懷疑是否神經有問題了。

難道真如朋友所説，我已走火入魔了嗎？我甚至淚流滿面

地走到講台前，而且不止一次。

第一次走出去是因為劉牧師講到「清心的人有福了，因為他要遇見上帝」，那時我正為著一件意想不到的事非常的煩心，對人對事都灰心失望，而且心中充滿了怨恨，幾次求主平息怒火卻是不能，一顆心亂七八糟，上帝在那裏都看不清楚。直到站在台前，接受牧師、長老們的按手代禱後，一直盤踞在心中的恨，才撲通一聲的掉下來。雖然我相信，凡事都有上帝美好的旨意，也知道萬事都互相效力，讓愛主的人得益處，但在遇到試探時，仍然無力去抵擋，更不會用愛心去聯絡全德，反而讓魔鬼得勝。耶穌教導我們要愛人如己，並且愛我們的敵人，如果沒有主的靈與我們同在，連不去恨人都做不到呢！

第二次走出去是在靈修會的最後一晚，做了這麼多年的基督徒，還是第一次參加靈修會，說來實在很慚愧、也很可憐。主憐憫我，讓我有機會參加靈修會，並且勇敢地走出去，把自己獻在上帝的面前。但那並不是說，我已能夠過得勝的生活了，需要學習的仍然很多，上帝如果真的要用我，祂一定會好好的訓練我，像磨繡花針一樣的磨我。有一位牧師說：「上帝把暗室之后蔡蘇娟女士磨得非常的精細，好讓她可以餵養任何人。」這讓我學習到一個功課，遇到試煉時不要哀聲嘆氣，應該存感謝的心，說不定上帝是看上你，在磨你了。

要在眾人面前走到講台前是有點不好意思，尤其是為了自己對人對神的虧欠時。但有時靠自己的力量實在無法勝過屬肉體的惡，經上說：「義人祈禱的力量是大有功效的。」感謝台福教會的牧師、長老們，時常為我禱告，使我能從失敗中再站起來，不致讓主的名受辱。使徒約翰在他的書信裏也有這樣的

話：「親愛的弟兄啊！我們的心若不責備我們，就可以向神坦然無懼了，並且我們一切所求的，就從祂得著，因為我們遵守祂的命令，行祂所喜悅的事。」（約壹三21～22）我們寧可在人的面前為自己的罪不好意思，也不願將來在神的面前感到羞愧。

　　既然我們已重生得救，我們就是屬上帝的人，是上帝的產業，我們在福音的工作上就有責任。我們的親戚朋友有多少人從未聽到福音，我們周圍有多少人沒嚐過主恩，上帝要我為祂作見證，我就不敢不說。何況報福音傳喜信的人，他們的腳蹤是何等佳美，今年台福的主題是「跟隨祂的腳蹤行」，難道這不就是主耶穌在世時所行的腳蹤嗎？

（發表於1984年12月20日）

唯誰是靠？

當上帝收回風箏的時候，也許他們已破損
不堪，但祂會用慈愛的雙手來修補。

　　我母親在懷我五姊時曾經想自殺，因為父親使她很難過，
但母親想到肚子裡的孩子，不應該因為她而失去生存的機會，
就放棄了。可是母親的日子並不好過，整天以淚洗面，外公勸
她去信耶穌，因為聽說信耶穌的人有平安、有喜樂，母親就去
信。想不到耶穌真的擦去我母親的眼淚，因為後來她又連續生
了三個女兒，我是第八個。

　　母親信主後，就希望至少有一個女兒能獻給主用，因此，
時常拜託人幫她找一個將來要做牧師的女婿。但到我七姊結婚
時，還沒有一個女婿是要當牧師的，所以她就把最後的希望放
在我的身上，並且把我獻給主。

　　可惜十六年前，當我在彰化基督教醫院當護士時，卻愛上
了一位沒信主的醫生，母親非常失望。但那時我覺得愛情最重
要，有朋友開我的玩笑說：「醫生大部份都是要娶有錢又漂亮
的太太，妳既不漂亮又沒錢也敢嫁給醫生，不怕將來他被人搶
走！」我想他與我交往四年，要娶那樣的太太早就離開我了，
所以我很有自信，相信他一定永遠是我的，沒想到人不搶，上
天也要搶。

　　五年前，先生忽然得了造血不良性貧血，什麼原因也不知
道，來勢洶洶，醫生說：除了作骨髓移植外，別無他法，但作

骨髓移植的成功率也只有一半。我一下子像跌入深淵，結婚九年，只知道唯他是靠，現在他倒了，才又想到上帝，但我已不知道如何禱告，只有不斷地對上帝說：「祢不可以將他帶走！」

我先生病了三年，我也哭了三年，每天眼看著他因骨髓移植後所引起的併發症被折磨著，我的心疼痛到了極點。但我仍然只與上帝交涉他的生命，從沒想到他的得救問題，我先生雖然偶而也上教堂，但從沒接受過耶穌作他的救主。

當他最後一次住院時，醫生問我斷氣時要不要再施行急救，我才知道他已走到人生的盡頭，就很無助地坐在他的旁邊哭。心裏很不甘心地對上帝說：「祢要就給祢吧！」忽然有聲音對我說：「上帝眞的要他嗎？也許是魔鬼呢？」

我嚇了一跳，再也不敢哭，趕快向我先生傳講救恩的道理。好在那時他雖然呼吸非常困難，但頭腦仍很清醒，最後我告訴他當耶穌釘十字架時，旁邊一位強盜在最後五分鐘呼求耶穌的名，耶穌也答應帶他到樂園去。我對他說：「你現在向耶穌求，相信耶穌也會帶你去。」我先生像一個很聽話的孩子似的對我說：「好！」從那個時候起，我就不再哭了，甚至跟他開玩笑說：「聽說在天上過一天就是在地上過一千年，所以你在那裏還沒眨一眼，我就去與你相會了。」他聽了很受安慰。

因爲知道我們在一起的時間已不多，我就決定不再離開他，一直握著他的手，直到他失去知覺爲止。那時我有一個最後的願望，就是想再伏在他的胸前一次，可是他的呼吸是那麼困難，我實在不敢再增加他的負擔，以前他好心要用他的胸膛讓我當枕頭，我還嫌他太高和太硬呢！

　　因我先生吩咐要回台灣，我就把他的骨灰帶回去，夫家是拜佛的，他們就爲他設壇，請和尚和尼姑來唸經超渡，照例他的後輩要跟著跪拜，我的孩子太小，這個任務就落在我的身上。

　　我知道基督徒不應該做這些事，但那個時候我不敢推辭，儀式中我一直在流淚，不是爲他而是爲我，爲我在做一些不合神心意的事，我不敢求主的赦免，因爲這條路是我自己選擇的。感謝主，祂仍然愛我，祂在尋找這隻失喪的羊，因此安排我去服侍一對九十歲的老夫婦，在那裏我看到眞正信靠上帝的人，也體會到上帝的同在。每次在給他們洗澡時，我就想到耶穌也給祂的門徒洗腳，何況耶穌說：「你們若行在最小的一個，就是行在我的身上。」我再次沈醉在服侍人的快樂裡。

　　使徒保羅在哥林多前書七章 34 節說：「沒有出嫁的，是爲主的事罣慮，要身體、靈魂都聖潔；已經出嫁的，是爲世上的事罣慮，想怎樣叫丈夫喜悅。」我現在因能更專心事奉主，的確得到不少屬靈的快樂，不是說我不願意服侍我的丈夫，今天他如還在，我仍然會爲他的喜悅而活，所以我要祝福白首偕老的人，尤其在主內同爲一體的，那是上帝特別的恩典，如能相愛就應趁早，別等到想相愛時卻已太晚。

　　過了快三年的獨居生活，喜樂有增無減，雖然日子免不了仍有淚水，尤其在敎養孩子這件事上很是力不從心。但有朋友告訴我，最不負責任但又最好的方法就是把孩子獻給上帝，讓祂去管理，讓祂去負一切的責任。的確！我除了如此外，也別無他法了。當初母親如果沒有把我獻給主，也許上帝也不會特別注意到我呢？我知道母親現在仍晝夜在爲我禱告，這也是現

在我對待孩子的方法。上帝是信實的，祂在每一個人的身上都有祂的計劃，尤其是那些奉獻在祂面前的人。上帝好像放風箏的人，有一天一定會把他們收回來，也許那時風箏已破損不堪，但祂會用慈愛的雙手修補他們。

我們有一個遺憾就是不知道未來，但那也是造物主給我們的特別思典，否則有誰敢走前面的路。我不知道前面的路是平坦或坎坷，但我知道祂的竿、祂的杖是我的安慰，就是行過死蔭的幽谷也不懼怕，耶穌說：「在世上你們有苦難，但你們可以放心，我已勝了世界。」

今天魔鬼如果來對我說：牠可以將我的先生還我，但我必須離開上帝，我要對牠說：「不必了，多謝！」因為那上好的福份我已獲得，沒什麼可以交換的。

（發表於 1985 年 5 月 10 日）

趁早出去撒種

　　福音的種子，粒粒都是有生命的。

　　在祈禱會聽到劉華義牧師娘的見證時，心裡的激動久久不能平息。她終生跟隨丈夫做主忠心的僕人，兒子媳婦們也走在傳道的路上，早就應該卸下一切工享享清福，但他們毅然拋棄一切的掛慮，到美國寒冷的科羅拉多州去做開拓的工作。

　　那裏有一百多戶的台灣同鄉，但參加主日崇拜的人卻沒超過三十人，他們的生活安定，有待遇優厚的工作，並沒有什麼缺乏。在這情形下，要去向他們傳福音說：「凡勞苦擔重擔的人可以到我這裡來，我就使你們得享安息。」實在很困難。難怪牧師、牧師娘會唉聲嘆氣。

　　他們不因思念兒女而流淚，卻因打不開工場的門為主做工而痛哭。不過牧師娘說，他們還是把眼淚擦乾開始打電話，心想也許有人喜歡唱歌，為什麼不組織聖歌隊，可惜路途太遠，又找不到適當的時間一起練唱。沒關係，牧師娘一個一個在電話中陪唱，從 soprano 到 bass，主日崇拜時，竟也有美妙的歌聲可以讚美主，牧師娘說她的聲音都已沙啞，但喜樂卻充滿在她的心中。

　　很多人工作五天，難得週末、週日大清掃，或全家出去郊遊散散心，牧師娘用心良苦，想盡辦法邀請他們來做禮拜，他們真的做到保羅對提摩太的教導：「務要傳道，無論得時不得時總要專心，並用百般的忍耐，各樣的教訓責備人、警戒人、

　　勸勉人」。經過三個月如母雞在呼叫雞仔，教會已經漸漸在成形中，他們最需要的是我們用禱告在背後的支持，他們永遠不會失望，因為相信流淚撒種的必要歡呼收割。

　　去年靈修會決志事奉主後，我就不斷的求問主，我能為祢作什麼嗎？有一天，劉富理牧師問我願不願意負責錄音帶事工，我一口就答應下來，這個工作主要是為不能參加主日崇拜的人留下信息。我們教會有很多人默默的在幕後工作，例如主日學的老師及負責廚房的同工，他們都暫時犧牲了馬利亞所選擇的那上好的福份，但我相信他們的勞苦在主裡不會是徒然的。有人住在沒有台灣人教會的城市，主日崇拜的錄音帶也可以寄給他們。我自己曾住在北美的小山鎮，知道那種飢渴慕義的滋味。

　　一個偶然的機會，有人送我唐崇榮牧師的錄音帶，以前我從未從錄音帶中聽過信息，唐牧師那震撼人心的聲音及深奧的智慧，在在的都扣了我的心弦，我早也聽，晚也聽，不敢獨享，又一邊聽一邊錄，花了不少時間和精神，但主沒有讓我這一點點的心願落空，因為有人因那些錄音帶得到造就並且開始追求真理。現在我錄兩個錄音帶不到五分鐘，真希望有更多的人能用它，我曾到儲藏室去翻箱倒櫃，發現好多寶貝都深藏在其中，如果有人有心為主做工，卻不知做什麼，寄一個錄音帶給你未曾聽過福音的親戚朋友怎麼樣？相信一定會有意想不到的收穫。

　　除了錄音帶，我也喜歡寄書給朋友，就如我的一對老朋友夫婦，我又是錄音帶又是書的猛寄給他們。結果朋友來信說他們將書放在廁所，有空的時候可以看，真是叫我啼笑皆非。不

過我常自我安慰，反正我只負責撒種，發不發芽那是上帝的
事，劉華義牧師在證道時說：福音的種子，粒粒都是有生命
的，結局如何，只看它被撒在怎樣的土地上。如果落在好土
裏，就結實，有一百倍，有六十倍，有三十倍，有耳可聽的就
應當聽，有手可撒種的就應該出去撒種，主在說：「我可以差
遣誰呢？誰肯為我們去呢？」但願我們都回答說：「我在這
裏，請差遣我」。

（發表於 1985 年 6 月 9 日）

無條件的愛

　　爲什麼人與人之間的愛，就好像有一層什
麼東西隔著呢？

　　自從兒子開始與他東部的朋友通信以後，開信箱就變成他的專利。昨天他又是一馬當先，並且迫不及待地打開一封信，我一看是朋友 Eileen 寫來的，她往往把我們三個人的名字都寫在信封上。無論如何，我的名字總是排在最前頭，所以我一把將信搶過來並且大聲的唸，「親愛的×××，我很難過地寫這封信，因爲……」忽然我唸不下去了。

　　兩年前我曾對一個美國朋友說，我的兒子非常愛貓，從小他就喜歡看有關貓的書，房間的牆壁也到處都是貓的畫像。過沒幾天一個晚上，忽然有人來敲門，門一打開，兩個孩子和我都大叫起來。因爲來人手上抱著兩隻小貓，一黃一黑，兒子女兒各抱了一隻就往房間跑。我知道養寵物都是樂了孩子，苦了作母親的，但自從他們失去父親以後，我總覺得對他們有所虧欠，所以如果有什麼能稍微彌補他們的缺憾，爲什麼不呢？因此我決定留下那隻黃的。

　　小貓咪剛剛離開母親，整晚喵喵地叫，第二天我趕快去買一些應用品，從吃的到拉的一應俱全。小咪非常乖巧，靜靜地躺在沙發椅上睡得香甜，我輕輕地撫弄牠的黃毛，嚇然發現毛底下有好多黑東西在跑，原來小貓滿身都是跳蚤。那還得了！我去裝了一臉盆的水坐在旁邊就洗起來，也不知苦戰了多久，

只知道臉盆上浮了一層黑黑的小東西。我告訴自己，這才是第一回合呢！以後一定更有得瞧了。

自從貓咪進門後，我發現兒子女兒竟然親密起來了。以前他們像冤家似地整天都在鬥，現在他們只知道圍著貓咪團團轉。女兒甚至學貓咪在地上爬，以前她哥哥看到她那一副傻相不踢她屁股才怪，現在他們有一個共同喜愛的目標，什麼都不再在意。

我常覺得兒子是一個非常自私又喜歡怪罪別人的孩子，但是有一天貓咪在他的床上撒了尿，他卻無動於衷。我罵貓咪笨蛋，訓練那麼久了還不知在哪裏小便，他還維護著說：「上帝又沒有給動物好的頭腦。」真是出乎我的意料之外！

但是孩子們對我所付出的愛就不太領情。兒子認為我打妹妹比較輕，女兒認為我罵哥哥沒那麼大聲。對他們說打是愛罵是情，說了半天他們就是不懂，告訴他們媽媽只有一顆心不可能偏心，他們也不相信。為什麼人與人之間的愛，就好像有一層什麼東西隔著呢？

耶穌說：「你們要彼此相愛，像我愛你們一樣。」耶穌對我們的愛是無條件的，也許關鍵就在這裏。因為我們與人相愛都附有條件，無論是父母子女、兄弟姊妹，甚至同為一體的夫妻，都因為愛的份量不平衡而產生摩擦。我在想，彼此相愛如果也能以「施比受更有福」這個道理來實行，人生不知要多美。

但孩子對動物的愛好像是無條件的，當初我們要搬來加州時，曾為貓咪很傷透腦筋，因為知道往公寓不可能養小動物。而他們說：「貓咪不搬，我們也不搬。」害得我還要為貓咪禱

告上帝，希望祂能有一個合適的安排。

　　果然朋友 Eileen 自告奮勇願意為我們看管，直到我們能再收容牠為止。我說她自告奮勇是有原因的，因為她家裡沒有小孩，卻已有兩隻狗和兩隻貓了，她先生差一點要和那些動物誓不兩立。現在又要收容我們的，Eileen 實在是一個有愛心的人。

　　Eillen 無法用台語叫貓咪，將牠改名為 Toby，以後我們常常接到她的信，Toby 長 Toby 短的，並附有照片，叫倆個孩子看得不亦樂乎。

　　但今天的信，我的手放在兒子的肩上都可以感覺出他因鳴咽而顫抖，女兒早就去伏在她的床上哭。因為 Eileen 信上說：「Toby 今早被車撞死，我和我先生已經很慎重地將牠埋葬，如果上帝也有天堂給貓兒，Toby 一定是裡面最快樂的一隻……。」

　　孩子們都可以如此單純地愛小動物，為什麼我們大人反而不能彼此相愛，沒有共同愛的目標呢？相信每位基督徒都是愛上帝的，但經上說：「不愛他看得見的弟兄，就不能愛沒有看見的上帝。」愛不是用說的，也不能只存在心裡，必須有表現，就像信心沒有行為是死的一樣。

　　聖經到處都在說愛，保羅在哥林多前書第十三章寫出了愛的真諦，老約翰也一而再、再而三的強調上帝就是愛。我們教會的劉富理牧師也曾用兩個主日講「彼此相愛」的道理，最後還要求大家手牽手合唱「咱決意相愛」的歌。

　　真的！只要有愛，眼淚都可以變成歡笑。我對孩子們說：「上帝將貓咪帶去給爸爸做伴了。」他們才破涕為笑。因為他

們雖然愛貓咪，但更愛他們的父親。

（發表於 1985 年 9 月 15 日 ）

教會與我

> 我終於明白，上帝的旨意，不只是要我享
> 受安慰，而是要我也成爲一個安慰者。

台福洛杉磯教會已設教十五週年，雖然我不是第一批進入這個葡萄園的人，但現在能成爲其中的一員，也感到非常榮幸。

回顧三年來，不得不相信主實在一步一步在引領我。當我成爲一隻孤雁困居在北美的小山鎮時，主讓我從一份快被朋友丟到垃圾筒的舊報紙，看到台福教會的消息，並且發現同鄉蔡麟牧師就在那兒當關懷牧師，我當時眞像一個快溺水的人忽然抓到一塊木板。

更奇妙的是蔡牧師娘知道我的遭遇後給我的一段經文，寫在哥林多前書十章 13 節：「你們所遇見的試探，無非是人所能受的，受試探的時候，總要給你們開一條出路，叫你們能忍受得住。」生平第一次，覺得上帝在對我說話，一顆受傷的心就此得到安慰，從此我開始渴慕主的話語，並且希望與人分享主在我身上的作爲。

孟母三遷是爲了幫孟子找個好的生活環境，我尋尋覓覓卻爲了找一間好的教會，既然知道台福是一間有主同在的教會，我就開始求主也讓我在這個羊圈裡有一席之地。

朋友們知道我爲了一間教會竟然想搬家，都很不以爲然，他們好心地幫我盤算一番後，斷定我在加州很難生存，因爲那

邊的生活費用比東部高出很多，房價更是貴得驚人。但我深信主的應許「你們要先求祂的國和祂的義，這些東西都要加給你們了」（太六33）。感謝主的帶領，我們終於真的屬於台福教會了。

　　但第一次來到台福，參加祈禱會時，我卻差點拔腿就跑！怎麼不是自己祈禱自己的，卻要三人一組大家輪流出聲禱告。小時候睡覺前，母親都會教我禱告，但往往她還沒把家人的名字唸完以前，我已呼呼大睡，長大後也只有吃飯時千篇一律地點一下頭，在別人面前出聲禱告，這還是破天荒頭一遭呢！早知道加入台福教會有這一關，當初恐怕還得考慮考慮。這下子好了，見證的文章都已寫了一大堆，要說自己不會禱告多沒面子。可憐！我幾乎是戰戰兢兢地參加每次的祈禱會，那時我最希望的就是別人禱告久一點，不要輪到我，有時還偷看錶，牧師怎麼不趕快帶大家唱詩結束。這還得了，每星期一次，心臟都要出毛病了。

　　有一天蔡牧師對我說，我被編入他們的家庭細胞小組，每隔星期五的晚上輪流在每位組員的家庭聚會。聽來還蠻好玩的。但最後一幕又是禱告，難道台福教會是一間專門禱告的教會不成？西洋有一句名言：「鬥不過人家只有加入」，當然在禱告這件事上我只有投降的份，好在我沒成為逃兵，經過一年的苦練，雖然不敢說自己已變成禱告的勇士，但至少也不再心驚肉跳了。

　　有一次不知何故，主日崇拜後我又淚流滿面地賴在主的面前，劉牧師過來代禱一番後，拋給我一句話：「站出去為別人禱告，妳就會得到力量。」他的話像一道閃電，忽然照亮了我

的心，原來我一直都生活在自哀自憐裡，覺得自己的傷最深，擔的擔子也最重，卻不知上帝讓我經過這苦難的學校是爲了教導我。

沒有損失怎麼知道擁有的可貴？沒有背負自己的十字架怎麼知道耶穌的十字架多重？我終於明白，上帝的旨意不只要我享受安慰，而是要我也成爲一個安慰者。

正如保羅致哥林多教會的書信說：「我們在一切患難中，祂就安慰我們，叫我們能用神所賜的安慰去安慰那遭各樣患難的人。」（林後一4）

台福教會不只是一間禱告的教會，也是一間傳福音的教會，兩者是分不開的，有禱告就有異象，有異象就有推動力，想到我竟然也有份走到這路上，除了讚美主的恩典外，實在沒有什麼可誇口的了。

（發表於 1985 年 10 月 20 日）

吊銷執照

　　一定是上帝憐憫我，祂不願意我說謊，也
不忍心讓我挑擔不起的擔子。

　　有一天因工作的關係，在公路上跑了一大圈。九月天的洛杉磯又悶又熱，再加上我這急性子，心裡就不住地煩躁起來。

　　所以當我從一個停車場要倒車出來時，發現有輛車居然橫著停在我的後面，就更加火大了。前前後後試了幾次，就是沒有辦法出去，最後一次稍微一用力，就把後面那輛車撞了一下，「碰！」的一聲聽得很清楚。

　　剛好被兩位美國小姐看到，她們兇巴巴的指責我，這真是火上加油，我打定主意不加理會，一踩油門就絕塵而去，不過我聽到她們說要抄下我的車牌，報上去吊銷我的駕駛執照。一路上我一直在生氣，覺得她們太「雞婆」了，欺負我是東方人，好在我有上帝可依靠，怕什麼？

　　「主啊！祢一定要讓她們無法記下我的車牌。」

　　結果，我還是收到警察局的通知單，要我出面澄清這個案件。

　　首先我必須打電話給一位警察與他約好時間，再全副武裝去報到，包括我的駕駛執照及我本人。

　　坦白說，我怕死了！被吊銷執照事小，而上班、買菜、上教堂才頭大呢！上帝既然不幫忙，只有請教朋友去，結果大家都異口同聲說：「死也不能認罪！」

「可是我的確把人家車子給撞了！」

「那是以後的事，先一口咬定妳不是故意逃避責任就是了。」

聽起來還蠻有道理的，我只是撒一點謊而已，何況如果被吊銷執照，上帝又不能幫我開車，耶穌不是也教導我們要「靈巧像蛇」嗎？

剛這樣作了決定，忽然有人來敲門，是住同一公寓的鄭太太，她們一家剛從台灣來不到一年，正在申請綠卡中，也是我們教會的慕道友。她開門見山就說：「滿香，妳今天晚上一定要過來為我們禱告，因為我們接到勞工局的通知單，不知何故竟然一片空白，真是急死人了。」

「那只是手續上的錯誤，明天打電話去問就知道，禱告也沒用。」我一點也不熱心。

「不行的，妳不來替我們禱告，晚上我們都別想睡了，拜託！拜託！」

怎麼搞的！我才決定要撒點謊就有人要我去代禱，明明是上帝在與我過不去。

「主啊！祢要用我，多的是時間，一定要在這節骨眼上嗎？」

忽然我好像聽到上帝在說：「我希望妳隨時為人懇求、代禱、祝謝，好使妳可以敬虔、端正、平安無事的度日。」

「可是我內心正在注重著罪孽，祢不會垂聽的。話又說回來，根本不是我故意撞他，誰叫他停在我的後面？」我有點心慌，但仍沒忘記要和上帝評評理。

「孩子！看看約翰一書三章 21～22 節是怎麼寫的？」

　　我一看：「親愛的弟兄啊！我們的心若不責備我們，就可以向上帝坦然無懼了。並且我們一切所求的，就從祂得著；因為我們遵守祂的命令，行祂所喜悅的事。」

　　「撒點謊也不行嗎？」我仍然不死心。

　　「不行，因為只有膽怯的、不信的、可憎的、殺人的、淫亂的、行邪術的、拜偶像的，和一切說謊話的，他們的份就在燒著硫磺的火湖裏，這是第二次的死！」上帝一點也不饒人。

　　「那我怎麼辦」？

　　「難道妳不知道只要認罪，我是信實的、公義的。必要赦免妳的罪，洗淨妳一切的不義嗎？」上帝的聲音變得非常的柔和。

　　「好吧！我認錯！我不該一走了之，更不該打算用撒謊來遮掩自己的過錯，主啊！我如被吊銷執照祢可要幫我解決困難喔！」

　　吃過晚飯，我真的過去為鄭太太他們禱告，那天晚上他們睡不睡得著我沒過問，倒是我自己睡得非常香甜。

　　第二天我趕快打電話給那位警察，可惜沒接通，我留下三個電話號碼給他，希望他能回我的電話，幾天過去一直沒回音，再打，仍然沒接通，連續打了好幾次，得到的回音是他生病了。我小心翼翼地問他什麼時候會回來上班？

　　「不知道！」

　　「有沒有別人可以代理這個案件？」

　　「沒有！」

　　「那我要怎麼處理呢？」

　　「等！」

「那……」

「咔！」的一聲對方不耐煩地把電話掛斷。

如今我已經等四個多月了，仍然沒有下文，說給別人聽大家都不相信：「那有這種便宜事！」但我心裏明白，一定是上帝憐憫我，祂不願意我說謊，也不忍心讓我挑擔不起的擔子，所以……。

（發表於 1986 年 2 月 16 日）

怎麼那麼痛！

　　只有親自嚐到痛的滋味，才能體諒別人的
痛苦。

　　經過四個月的密集訓練，我從護士搖身一變，成為組織切片的技術人員。剛開始只有我一人負責四位皮膚科醫生的切片工作。有一天我切得得意忘形，也把自己的手指也「順便」切了，傷口很深必須縫合，所以自己開車到醫生的診所去，醫生在傷口週圍打痲藥，我痛得叫起來。

　　「怎麼那麼痛？」

　　「因為手部的神經特別密佈之故。」

　　好在不久就全部痲痺，縫了六針，我又開車回去工作。一路上我仍在回味那痛楚，忽然前面的路變得模糊起來，原來我正低泣著，不是因為手痛，而是想起先夫在去世前的三年中，不知忍受了多少皮肉之痛。尤其有一次醫生要在他的頸下開刀放一條輸送管到大靜脈時，不知是否痲藥已過期，或護士拿錯藥，一刀下去，他大叫一聲，醫生還以為他是一個膽小的人呢！連續又開了幾刀，看他實在痛得不像樣，才再重新注射痲藥，我堅持要他們換一瓶新的。

　　這一幕時常在我的腦中出現，每次都帶有一絲絲的恨意。但那天，我只想好好地哭一場，因為我終於能體會他那時有多痛。

　　手的神經特別密佈，痛的感覺也特別靈敏，有兩根特大號

的釘子，曾經釘入耶穌的雙手。有人拿苦膽調和的酒給祂喝，祂嚐了，却不喝。難道耶穌不怕痛嗎？

怕的！但只有親自嚐到痛的滋味，才能體諒別人的痛苦。想到我先生終於不必再受皮肉之痛，想到耶穌了解我們的痛苦，想到有一天我們將不再有死亡、悲哀、哭號和疼痛，我的心就好過一點，雖然眼淚仍流個不停。

（發表於 1986 年 3 月 23 日 ）

讀書樂

一書在手，其樂無窮。我為什麼愛看書？
看些什麼書？

　　從小我就很喜歡看書。但是自從結婚以後，相夫教子，忙得不亦樂乎，一份世界日報都看不完，更別說看書了，許多年聖經摸也沒摸過，我還從台灣帶兩本過來呢！每次搬家都覺得它們很佔位子，想丟掉又不敢，因為它們不只是上帝的話，還是兩位牧師送我的結婚禮物。

　　那麼什麼時候我才又開始看起書來的？

　　對了！當我為了一個鐘頭三塊五毛錢而去照顧倆老夫婦時，他們家裡有整排的書，都是屬靈書刊，老人家睡著的時候比醒著時多，我的任務雖然是陪伴他們，總不好意思也陪著打盹，只好順手抽書來看。奇怪，我的英文並不靈光，却也看得津津有味，我想是聖靈在作工吧！

　　被我抽出的第一本書叫 Joni《輪椅上的畫家》，是一個十八歲的女孩因跳水而折斷了頸骨，與她相比，上帝實在太恩待我了，我只失去了我的「另一半」，她却失去了她從肩膀以下的感覺，看她如何利用她所僅有的來榮耀神，相信每一個人都會自感對神的虧欠。以後，只要有空，我就沉醉在書堆裏，看屬靈的書不使靈命得到長進，也會提高自己的身價，因為屬靈的人都是上帝用重價買來的，我們在上帝的眼中都是寶貴的器皿。

現在我一個星期至少要看兩本書才過癮，好的書我會一看再看，在我的手提包裡也一定隨時都放有一本書，否則當我有五分鐘空閒而沒書可看，就會覺得是一種浪費。

有一次聽到一個牧師在電台說到福音廣播的重要，因為有人不喜歡看書，必須把信息傳到他們的耳中，我就更慶幸自己是一個喜歡看書的人，難道這不也是上帝的恩典嗎？

但書有屬世界和屬靈的，我先生生前也是天天埋首在書堆裏，但他看的是醫學方面的書，來美十一年，他買的書比衣服還多，都是又貴又重的原裝版，他走了以後，我幾乎不知如何來處理它們，有人建議留下來給兒子，說不定那一天他用得著，但現在這個時代科學日新月異，那種書再過幾年恐怕都變成了古董。送給朋友嘛！人家也都有了，最後的下場只有「丟」，坦白說，那些書真是把我丟得手酸心疼。

屬靈的書就不同了，最近我重溫十六世紀本仁約翰的「天路歷程」，不但一點也不過時，反而更合我現在的口味，書中他強調一個走天路的基督徒應該隨時攜帶天書（聖經），因為那是進天城的通行證。

有一陣子，我發現我喜歡基督徒寫的書甚於聖經——上帝的話。這是一種危機，因為人是不完全的，因此我勉強自己回到智慧的源頭——聖經。

靈性的長進和肉體一樣都需要營養，最主要的是蛋白質，聖經是神的道，耶穌是道（word）成肉身，難怪耶穌說：「我是從天上降下來生命的糧，人若吃這糧，就必永遠活著。我所要賜的糧就是我的肉，為世人之生命所賜的。」（約六51）。肉的主要養份是蛋白質，聖經提供我們足夠的蛋白質，

外加一些屬靈的書吸收多種維他命，靈命就會長得更健壯，雖然肉體會漸漸老去，但「叫人活著的乃是靈，肉體是無益的」（約六63）。

要使靈性長進非看書不可，劉富理牧師最怕我們永遠只做一個嬰兒，以致於每個禮拜他都要準備一大堆的奶瓶來供應我們。作母親的人都知道，奶瓶與尿布是分不開的，一個教會充滿了奶瓶和尿布，那要多累人。何況，有一天我們都要放棄世上的一切（財物、名譽、知識、親人、快樂……等等），回到主的面前，有生之年如果沒有好好的吸取靈性的糧食，將來站在主面前的，一定是面黃肌瘦，一副營養不良狀，天國再有多美的山河，我們恐怕也沒力氣去遊山玩水，等到羔羊要娶新婦時，可能也找不到一件合身的禮服來穿，那時可就後悔莫及了！

（發表於 1986 年 3 月 30 日）

有朋自遠方來

「有朋自遠方來，不亦樂乎？」但因靈裡
不能交通，反而有失落感。

　　有人告訴我，住在加州永遠不會寂寞，因為無論從美東回
台灣，或從台灣來美國，大多會在加州停腳，順便看看老朋
友。所以當搬到加州來，安頓妥當後，就天天引頸以待，看看
有誰將自遠方來？但一年都過去了，竟然沒有人來看我這個老
朋友，大概嫌我開車不夠高明不敢打擾吧？正在納悶，忽然一
通電話從柑縣打過來，老朋友真的來了。屈指一算，費城一別
也將近七年，這期間的變化是我們都始料未及的。

　　當我們一家陷入苦境時，他們真是恨不得就在我們的身
邊，我們家的電話連連，他們就是其中之一。尤其在最後關
頭，幾乎一天數通，但一切都平靜下來時，他們反而不聲不響
了。不知過了幾天，才又傳來他們的聲音，沒有半句安慰的
話，只有淒淒的哭聲，他們知道如何與哀哭的人同哭。

　　如今，我們終於要見面了，一路上我不斷的盤算著，他們
不知改變了多少？過去曾寄錄音帶和書給他們，不知聽了、看
了沒有？福音的種子有沒有種在他們的心田裡？這次難得再見
面，我告訴自己，一定要好好把握住機會，心裡一高興就唱起
歌來了，五號公路雖然彎曲，但我信心十足，腳下也就更加用
力。

　　直到見了面才發現滿屋子的人，原來他們是來與家人團聚

的。外面有人在忙著烤肉，裡面的人却忙著把它塞進肚子裡，我和他們互擁了一下，也被安排下來享受。室內有兩對老前輩，他們正在講著人生的林林總總，我靜靜地聽，不敢插嘴。看看老朋友，仍然和過去一樣紅光滿面、妙語如珠，如果不是我們的孩子都已從嬰兒變成小大人，還以為昨天才見過面呢！

我問朋友：「別來無恙否？」他們說：「又要換房子了，這次的房子將更大。」我心想，在這世上住那麼好的房子，將來必須離開時，不知會有多傷心和留連，因為耶穌說；「你的財寶在那裏，你的心也在那裏。」（太六 21）

祂又明明的教導我們：「不要為自己積攢財寶在地上，因為地上有蟲子咬、能銹壞，也有賊挖窟窿來偷。」（太六 19）但這些話我只藏在心裡不敢說出口，因為以前我們也是走這樣的道路。

上帝在我先生剛剛要賺大錢時將他帶走，不知讓多少人感到惋惜，甚至有人斷定我是沒有福氣的人。但有誰知道這三年來我所擁有的，實在不能用世上任何一件有形的東西來相比。詩人說：「你們要嘗嘗主恩的滋味，便知道祂是美善，投靠祂的人有福了。」（詩卅四 8）有時上帝把我們認為最好的拿走，其實祂有更好的要賜給我們，只看我們如何領受而已。

老朋友當前，我真希望能與他們分享這屬靈的福氣，可惜他們正忙著與家人團圓，而天色已漸漸黑暗，該是告別的時候了，這次離別不知何時能再相見。

依依不捨與朋友互道珍重，走到外面才知道天色真的暗了，打開車燈，路上却仍一片模糊，原來我的兩眼已經濕熱：「有朋自遠方來，不亦樂乎？」但因靈裡不能交通，反而有點

失落的感覺。

　　再次上五號公路，猛然想起今天是我們細胞小組的聚會，要背的經文是什麼呢？對了，「你們要靠主常常喜樂，我再說，你們要喜樂」（腓四4）。「你們要喜樂」，這是主的命令，就是我們撒的種子即使不見發芽也應該喜樂，因為發不發芽是上帝的事，不是嗎？為了不想錯過今晚的聚會，我把眼淚擦乾專心開車踏上歸途。

　　　　　　　　　　　　　　（發表於 1986 年 4 月 15 日）

塞翁失馬

> 如果沒有一個大人在，事情將多麼不堪設
> 想啊！

　　二月中某個禮拜四，我提早下班回家，就決定抽空到教會去辦一件事情，便打電話給牧師室的陳牧師，約好三點半左右到。看看錶，還有一個小時，就「把握時間」睡了個午覺，一覺醒來，只差十分就三點半，急急整裝出門，睡眼迷糊，竟在樓梯口滑了一跤，咚！咚！咚！的，剛好坐到樓梯中央去。

　　樓下一個男人聞聲而出，好心地問我：「妳還好嗎？」「我想是吧！」我苦笑著回答，有點不好意思，其實屁股痛得不得了，好不容易才爬起來，趕快回去打電話給陳牧師，告訴他我不能去了，因為……。

　　孩子們放學後，很驚奇的看到我在家，而且躺在床上。女兒和隔壁的小女孩，吱吱喳喳問了好多問題，最後總算查明我在樓梯摔痛了屁股，就笑得前俯後仰，我也懶得去理她們，不久就聽到她們開冰箱找東西吃的聲音。

　　忽然，女兒匆匆跑進來，「Evelyn 的腳被掉下來的菜刀切到了！」我大吃一驚，馬上爬起來，剛好看到她將她的腳放在水龍頭底下冲水，血正潺潺地流個不停。我弄了好久，也沒辦法幫她止血，打電話去隔壁，只有大她兩歲的姊姊在，我就決定將她們都載到醫生的診所去。好在我的老闆是皮膚科醫生，不到一個小時就清潔溜溜，縫了六針，傷口蠻深的，並且

切到血管。

　　一路開車回家時，越想越奇妙，今天摔這一跤難道是沒有原因的嗎？如果沒有一個大人在，事情將多麼不堪設想啊！就回頭對她們說：「我們應該感謝上帝讓我摔倒了，否則 Evelyn 一直流血會死翹翹的。」

　　女兒就很關心地問我屁股還痛不痛？我說當然痛呀！正要高興到底母女連心時，後面三個女孩子已經笑作一團。我在心裡暗罵：「沒大沒小的！」但看到她們笑得那麼開心，我也吃吃的笑起來，「塞翁失馬，焉知非福？」

（發表於 1986 年 4 月 27 日）

主聽了我的禱告

　　當姊姊來電說母親已過世時，還是把我嚇
　　了一跳，怎麼那麼快？

　　不久前打電話回去給母親，知道她的身體已一天不如一天，骨頭時常酸痛，心臟無力，晚上常因呼吸困難而睡不著覺。我聽了很是難過，希望能在身邊服侍她老人家，但我自從結婚後，就遠走高飛，除了讓她牽腸掛肚外，何曾盡到一個作女兒的責任？四年前，攜夫（骨灰）帶子的回去，更不知讓她掉了多少眼淚。

　　眼看她被歲月催促著漸漸老去，我們作兒女的實在不忍，雖然那是每一個人必走的路，但她是我們最親愛的母親，如果能夠，真希望能代替她衰老啊！那天通過電話後，我就開始為她禱告了。

　　我說：「主啊！求祢息了我母親在世上的勞苦，她已盡了她一生應盡的本份，雖然我們希望她能永遠留在世上為我們禱告，但她如回到祢的身邊，在祢的面前為我們代求，其功效不是更大嗎？我這樣祈求，因為不忍心看到她的肉體受到病痛的折磨，所以，主啊！求祢聽我的禱告……阿們！」

　　可是，當姊姊來電說母親已過世時，還是把我嚇了一跳，怎麼那麼快？姊姊說母親很安祥地去見主，因為知道耶穌要接她回去，很久以前母親就為她自己和爸爸準備好壽衣，但每次都被別人「捷足先登」而用去。十年前家父已先走一步。

　　說到先父，有一件事我永遠也不會忘記。那是好久好久以前的一個晚上，他忽然借酒裝瘋，把姊姊們一個一個叫到面前去痛罵一頓，直到她們痛哭流涕。我因為太小而逃過被罵的劫難，姊姊們哭過後準備上床時，我才發現母親不見了，記得她也曾跪在爸爸面前，姊姊說她到外面去，那時的「外面」對我來講比月亮還遠，因為黑漆漆一片。

　　原來母親沒經過爸爸的同意，就答應新營教會的人要來我們家作家庭禮拜，父親一氣之下就演了那場戲，可憐！那時也沒有電話可以聯絡，母親只好到路上去阻擋教會的人，從新營到我們太子宮走路至少也要一個鐘頭，結果他們只好在路上和我母親一起禱告後就回去了。

　　不過後來先父也信主了，並且作了執事，這實在要歸功於母親的愛心和耐心，及她不斷的禱告，因為母親深信上帝的應許，「當信主耶穌，你和你一家都必得救」。

　　後來大哥、大姊也走了，白髮人送黑髮人可以說是世上最悲慘之事，那種無可奈何的痛心，我從公婆的淚眼已體會深刻，所以寧可她比我們都先走，那也是我那樣為她禱告的原因，相信母親不會介意才對。

　　可惜我忘了告訴上帝一聲，讓我再見她一面才把她帶走。不過母親現在一定非常快樂，不但可以天天和主耶穌在一起，還可以和父親、大哥、大姊及一切比她先走的親人相見。

　　母親還在時，我就常常對她表示我的感激，感激她從小就帶領我親近主，並且天天為我禱告。當我選擇與不信的人同負一軛時，她難過，但當他終於離我而去時，她更難過，這就是母親的心，恨不得替自己的兒女背負十字架。

　　如今，我也是兩個孩子的母親，我學會她的榜樣來教養他們，有一天，當我跑完了當跑的路，打完了當打的仗，我就要去見她。

　　　　　　　　　　　（發表於 1986 年 7 月 27 日）

試試祂

> 我知道一切都是祂的，我所有的，只是暫
> 時受託管理而已。

　　真正實行十一奉獻是來到台福洛杉磯教會以後。以前隨便開個二十、三十的支票都覺得對上帝蠻大方的了。

　　一次聽到劉富理牧師講十一的道理後，悄悄地問他：「您說的十一包不包括利息的收入？」

　　劉牧師說：「要。」我永遠也不會忘記他那時對我講話的眼神，就像一個慈愛的父親在看一個無知的孩子一樣。

　　兩年前，銀行的利息不錯，我因剛賣了房屋身邊有一些現款，知道搬來加州不會馬上再購屋什麼的，就把它們全部都存入定期戶頭裡，因此利息的收入不少。那天回去後，我一條一條仔細地算清楚，應該寫在支票上的數目，連自己都嚇了一跳，不由得心疼了好一陣子。但想到劉牧師所應用的經文說：「萬軍之耶和華說，你們要將當納的十分之一，全然送入倉庫，使我家有糧，以此試試我，是否為你們敞開天上的窗戶，傾福與你們，甚至無處可容。」（瑪三 10）

　　可是那時我不想「試試」，我只希望祂能幫助我除去心中的障礙，因為我知道一切都是祂的，我所有的，只是暫時受託管理而已。感謝主！祂的大能大愛的確幫助我能高高興興地將十一帶回到祂的面前。

　　說也奇怪！最近當我將大部份的錢拿出來當購屋的 down-

payment（頭期款）買房子後，老板就開始加我薪水了，因此
雖然不再有那麼多的存款利息，但現在算出來的十分之一並不
比以前少多少。我告訴自己，仍然要維持以前那個數目，看看
上帝有什麼反應，這次我倒存心想「試試祂」呢！

（發表於 1986 年 8 月 10 日）

少了一塊肉？

也許我們可以用張冠李戴的辦法來彌補這
次的過失，但我知道一個基督徒，無論有
多大的錯誤，都應該坦白承認。

作組織切片這個工作，最怕的就是把醫生從病人身上挖下
來的一塊肉給弄丟了。因此每天工作以前，我一定不厭其煩的
把一天都交在上帝的手中，兩年來，上帝的確保守我沒出什麼
大差錯。

可是那樣的一天還是來臨了！

忙完了一天的工作，準備將所有的切片分門別類送到各皮
膚科醫生診所時，才發現少了一個。每塊組織都有一個號碼，
我們以號碼為根據寫下每個組織所屬的病人及醫生。被遺漏的
號碼是 2309－86，是屬於一位最會挑剔但也提供我們最多工
作機會的醫生。

我和另外一位工作人員就展開了空前的大搜尋。我很難在
此描寫我們的工作程序，不過從留下來的痕跡，我們可確定那
片組織已經被安置在一個臘塊裡，每個臘塊大約有二公分立方
大小。責任上，每個臘塊至少要保存二十年以上，而 2309－86
那塊卻不見了。

我們的老板第一個反應是非常生氣，怎麼可以發生這種
事，叫他如何向病人交待？因為這不只是關乎病人的病情診

斷，法律上的責任問題才是嚴重。也許我們可以用張冠李戴的辦法來彌補這次的過失，但我知道一個基督徒，無論有多大錯誤，都應該坦白承認。

所以，第二天我們再作最後的努力後，我就決定親自打電話給那位醫生。撥了電話，我先請護士把病人的病歷找出來，因此當醫生接過電話時，他的手上已有了病人的病歷。我說：「××醫生，我必須告訴您一件非常抱歉的事，我想我弄丟了您這個病人的切片組織。」

「……」對方一陣沉默，只傳來翻閱病歷的沙沙聲。

「我知道這會給您製造很大的麻煩，實在非常抱歉，我會再盡力找找看，萬一失敗了，不知您能不能再向病人拿一塊下來。」

「病變的地方我已全部處理掉。」終於傳來他低沉的聲音，他的意思是沒東西可拿了。我只有再次道歉，並保證以後會更加小心……等等。

想不到他竟然沒有生氣，而且願意好好向病人解釋。放下電話，我首先就感謝讚美主，因為他如果不願合作，我的麻煩可就大了。

老板不死心，又把昨天我們切的片子一個一個放在顯微鏡下察看，他認為我可能把兩個病人的組織混在一起了。其實那種情形簡直不可能。

不過就在那一刹那，我的眼睛忽然一亮，因為有一個切片引起我的注意，看號碼及日期應該是半個月以前的 case 了，除非醫生吩咐重切，我們是不會再找出來的。查看記錄簿剛好是老板自己的病人，我就問他昨天有沒有 order 我們重切這個

切片，他說沒有，屬於那個病人的組織是從耳朵拿下來的，而且是皮膚癌，但出現的這個切片卻不是那樣的細胞，但為了求證，我們必須能找出同一號碼的臟塊來，結果真的找到了，號碼是 2039－86。

　　真相終於大白，我把 2309 寫成 2039，就此一字之差，惹來天大麻煩。可是為什麼我們一直沒發現這個錯誤，必須折騰了老半天，又是道歉、又是認罪，難道上帝還在考驗我是否能永遠走在光明中嗎？我在心中吶喊：「主啊！我能。只要祢永遠與我同行。」

　　　　　　　　　　　　　　（發表於 1986 年 8 月 24 日）

購屋記

> 有人説我是傻人有傻福，其實我才不傻
> 呢！我只是把一切交在上帝的手中而已。

還沒搬來加州，就聽說這邊買房子很貴，想不到租的更貴。

匆匆忙忙租了一間在樓上的，每天早上都被太陽曬醒，等它偏西時，餘暉仍留連在屋裡那片朝西的大玻璃窗上，整個夏天，我們就住在如烤爐的公寓裏。

終於冬天的腳步近了，正想涼快涼快，卻叮叮咚咚的下起雨來，而且屋外下，屋內也照下不誤。每次下雨我們家的鍋桶碗盤就擺得到處都是，不知道的人一定以爲我們在辦家家酒。有一次兒子睡覺時還撐著雨傘，因爲雨下得很大。

回想三年前，當我把賓州那棟大房子賣掉時，眞是鬆了一口氣，因爲不必再繳那幾乎繳不起的房地產稅，不必再割那割不完的草，也不必天天摸摸擦擦怕它們生銹被蟲咬。但今天這副光景，我看在眼裏疼在心裏，不得不再考慮買個房子來安居。

女兒的鋼琴老師兼做房地產仲介，知道我們的需要，熱心的到處奔走，希望能爲我們找到一間合適的。孩子們堅持不再換學校，但在 South Pasadena 的房屋，卻貴得不像話，以我的能力能買上的，都是又老又小的房子。

「這裡的房屋會增值的，人家都是在買地，幾年以後

……」鋼琴老師苦口婆心地解釋著。

「但我們是在找一個能安居的地方呀！」

鋼琴老師以投資者的眼光勸我要好好利用身邊的錢，但我認為一個基督徒應該投資在天上，因為那裏才是我們永遠的家鄉，在這世上只是寄居而已。她沒再說什麼，但我知道她心裡一定在想：「那有這種傻瓜？」

今年年初，貸款利率降到 10% 以下，大家都說是買房子的好時機。鋼琴老師知道我不把增值當一回事，就開始介紹公寓式的。有一個三房 2.5 廁的，客廳寬闊，很適合作細胞小組的查經場所；坐北朝南，一定冬暖夏涼，孩子們也喜歡，又近學校。只看一次十分中意，於是討價還價起來，最後以低於原價七千元成交。

承辦貸款的人是鋼琴老師的好朋友，她拍胸保證，一定幫我拿到最低利率而且不會費時太久。我囑咐她不要用假的資料，因為我們基督徒不作興這一套。

結果貸款手續一波三折，等到被兩家銀行拒絕之後，她就自作主張，將我的薪水提高填報，並且遊說我的老闆簽字。（其實老板知道我要買房子，不久前才加了我一次薪。）我很痛心地將此事與細胞小組的兄姊討論，大家說：「既然生米已煮成熟飯，只有禱告上帝讓老板真的第二次加妳薪水到那個數目了。」

最後貸款終於下來了，我們又擁有自己的房子了。一天很晚了，老板突然打電話來說聯邦貸款控制中心在調查我的貸款案件，要求他再次證明，一切資料都是真的，所以他決定再加我薪水到他簽字的那個數目，因為他也不是一個喜歡作假的

人。

　　放下電話，我一時目瞪口呆。眞的有這種事？不錯，上帝是聽禱告的上帝，但祂使用的方法實在太奇妙了！我與主內兄姊們分享，大家都說感謝讚美主，但我可不敢告訴老板，「這種禱告怎麼不先徵求我同意！」——他說不定會這樣罵我。

　　買屋期間，有不少人十分關心，但我都一問三不知。有人就說我是傻人有傻福，其實我才不傻呢！我只是把一切交在上帝的手中而已。因爲投靠耶和華的人有福了：「他要像一棵樹栽在溪水旁，按時候結果子，葉子也不枯乾。凡他所作的盡都順利。」（詩一3）

　　　　　　　　　　　　　　　　（發表於 1986 年 9 月 14 日）

愛能捨棄

愛是要捨棄的，除非你肯將面臨死亡的愛
人交在上帝的手中，不然你永遠也無法從
憂傷中恢復過來。

梅鳳：

　　當富美姊寫信要我與妳聯絡時，我真是受寵若驚，只因我
們的處境相同，我就能為妳作什麼嗎？也許她認為我們至少能
同聲一哭吧！梅鳳！電話中妳是哭了，我知道妳現在還有一顆
在滴血的心是不能受安慰的，不過，妳知道嗎？眼淚是上帝賜
給我們洗滌創傷最佳的良藥呢！

　　妳仍念念不忘妳的先生，他是那麼好，那麼體貼，一向身
體也健壯，怎麼會一病不起？難道這真是上帝在他身上的旨意
嗎？我們都有同樣的問號，上帝也沒回答我。最近我看了一本
書《愛的真諦》，書上說：「愛是要捨棄的，除非你肯將面臨
死亡的愛人交在上帝的手中，不然你永遠也無法從憂傷中恢復
過來。」我們如把親愛的人交在上帝的手中，我們就不必再為
他憂慮，無論我們愛他多深，應該相信他在上帝的手中總比在
我們的手中好。

　　這真的是我們應該學習的，不只是死去的人，也包括我們
的兒女、及我們最珍貴的夢想。否則我們只有從自衛中退縮，
拒絕再向人付出愛心了。因為愛不只帶來喜樂、幸福和好時

光，也帶來憂愁、傷心和痛苦的，因為所愛的人終會死去，不再愛妳，也會在長大以後離開妳。感謝我們的天父，親自向我們顯明最真最大的愛心──捨棄。將祂的獨生子賜給我們作罪的挽回祭。上帝既然捨了祂自己的兒子，我們還有什麼不能捨棄的呢？

　　最後書上又說：「當我們學到除了期望祂的愛以外不再有所求時，我們就會有足夠的信心和愛心將所愛的人，或物，或夢想都交在祂的手中，那時我們也能背起自己的十字架跟從祂，與祂合作，不斷的向世人展示祂的愛了。」

　　梅鳳，當妳不再那麼容易哭時，不妨多看些屬靈的書，它們不但填滿妳空虛的心靈，也能幫助妳渡過那些難捱的黃昏。並且不要掛慮太多，只要凡事藉著禱告、祈求和感謝，將妳所要的告訴上帝，上帝所賜出人意外的平安，必在基督耶穌裏保守妳的心懷意念。

滿香敬上

（發表於 1986 年 11 月 30 日）

在兒女日漸成長時
（八七至八八年）

我兒與團契

自從兒子加入團契後，確實改變了不少。

開學前兩個星期，兒子從教會的英語初中團契帶回來一張
note（通知單），說他們將有兩天一夜的小聚，早晚有查經，
但其中有一天將去 Magic Mountian，這個驚險刺激的大樂遊
場對男孩子特別有吸引力。兒子一來到加州，東南西北還搞不
清楚，就已經知道那是個好地方，時常吵着要去，可惜我一直
提不起勇氣帶他去，所以這張 note 對我來說，比兒子更高
興，不由得衷心感謝團契的輔導，知道如何配合孩子們的需
要。

自從兒子加入團契後，確實改變了不少。想到剛搬來時，
他那一肚子的怨氣，使我簡直不知道如何與他交通，往往三句
話不投機，房間門已經碰地一聲摔過來，家裡的沙發椅時常被
他翻得四腳朝天，甚至厚厚的牆壁都被他踢了個大洞。也難
怪，一個十一歲的孩子，兩年之內面對了失去父親及離開朋友
的痛苦，我只有盼望他早日找到新朋友，並且在教會裡得到心
靈上的撫慰。

有一天他要我幫他寄一塊木板去賓州，給他以前的老師，
因為他在教會的草地上，用放大鏡在大太陽底下，利用灼熱的
焦點燒了老師的名字，我這才知道他在教會搞這些玩意兒，怪
不得每次上教堂，都背了一大堆東西在背上。眼看他在教會不
務正業，我心急著想為他找朋友來影響他，不料卻被他「看出

破綻」，反而惹來一場不愉快的風波。

　　來洛杉磯的第二年暑假過後，他年紀夠大、可以加入英語初中團契了，我怕兒子不願意參加，開始為此事迫切的祈禱。兒子答應去試試看，結果一去就喜歡，因為裡面有不少和他氣味相投的男孩子。我知道他去團契是玩玩鬧鬧的成份居多，不過我也知道他一定會學到一些東西。有個星期六，他去參加某人的生日 party，幾乎整夜沒睡，但隔天早晨卻仍然願意去教會。路上我問他，教會裡的節目那一項他最喜歡？答案竟然是主日崇拜和主日學呢！

　　雖然他還是一個時常讓我頭痛的孩子，而且背包裡除了聖經外，仍有不少的道具，但我相信喜歡上禮拜堂的孩子一定不會變壞，何況我們的教會又有充滿愛心的人在輔導這些孩子，使我更加深信，上帝帶領我們來加入台福教會，實在是祂的恩典和美意。

　　　　　　　　　　　　　　（發表於 1987 年 1 月 11 日）

寡居的生活

> 與自己所愛的人分離後，免不了會感到十
> 分孤單，孤單並不是罪，也不是貧弱的訊
> 號。

　　先生過世以後，我最想看的書是有關死亡的，這方面的知
識滿足了以後，我又開始尋找有關寡婦的文章了，可惜那樣的
書不多，四年來我只看過一本由寡婦親自動筆的書，她已經五
十幾歲，孩子都長大成人，對這樣的人作寡婦，我都有點嫉
妒。不過從她的筆下，我知道她的孤單、自憐、恐懼、憂鬱和
我並沒兩樣，可見不管妳的年齡多少，寡婦的心情都是一樣
的。

　　我母親七十六歲時父親過世，我曾暗自替她高興，這下子
她可自由了，不必再天天守在父親的身邊聽他嘮叨了。但四年
前我回去，告訴母親先夫最後怎樣緊緊握着我的手不放，母親
嗚咽地說：「妳爸爸也是一樣。」我才知道她多麼情願守着父
親的嘮叨，看來太少太少人願意過獨居的生活，但事實上却有
不少人必須去面對它。

　　我很高興有人在這個題目上下功夫，嘗試著幫助一些人。
黎碧萊女士（Berevly－Lahaye）和尤珍妮‧柏拉絲
（Eugenia Priu）在她們的《更新的女性》和《寫給主的女
兒》兩本書裡，都用很大的篇幅寫給獨居的女人。黎女士說：

「一個女人生平所遭遇到最大的創傷之一，就是她的伴侶離世，作妻子的，往往會守在垂死丈夫的床邊，眼巴巴地看着他去世，不知道爲什麼自己深愛的丈夫必須離去。這樣的女人，通常都會得到很多的幫助和憐憫，因爲很多人會覺得她受打擊是不公平的，但她如果只繼續不斷注意自己的難題，結果只會養成『嗚呼哀哉』的自憐態度而已。」

　　一個寡婦如果願意不再看自己，只轉眼仰望主耶穌的幫助和能力，她是滿有希望的。因爲神是我們的避難所、我們的力量，也是我們在患難中隨時的幫助，我們不能盼望別人來幫助我們適應獨居的生活，甚至最親愛、最接近的朋友和親屬都不能，我們必須自己靠基督來學習適應。

　　與自己所愛的人分離後，免不了會感到十分孤單。孤單並不是罪，也不是貧弱的訊號，神造我們是需要別人愛顧的，祂照自己的形像造我們，故此我們也需要祂。一個人因孤單而去尋找與神的靈交或者人的陪伴都是對的，但兩者要平衡，不能厚此薄彼。

　　神創造我們時，在我們內心的深處有一特別的地方是爲祂自己保留的，許多時候我們企圖用其他的人或物來填補這個空處，結果只有越填越空虛，因爲那個地方只有神自己才能填滿。至於與人交往這方面，寡婦最好能避免單獨去參加雙雙對對的社交活動，因爲那樣只有更加顯出自己的形單影隻，最好能與另外一位單身的女人同去。作者說，曾經有這樣的兩位女性，後來變成一個活躍組織的核心人物，幫助了不少孤單的女人。

　　寡婦的創傷通常需要一段長時間才能平復，只要緊靠上

帝，每一天祂都會使你的心靈更輕省。回顧我的第一篇文章曾
說過，雖然至今，我仍不明白爲什麼上帝要讓我親愛的丈夫那
麼早的離開我，但我已確信祂會爲我開出一條路來。

　　的確！四年前的我，實在無法預測現在的我是這樣一副光
景，是祂一步一步帶領我過來的。也許祂就是要我學習過孤單
的生活，凡事仰望祂，如果神認爲一定要這樣，祂才能使用
我，那我也只能順服的說：「願祢的旨意成全吧！」。只要我
們肯讓基督將我們的悲哀化作力量，相信我們先生的死也不致
於成爲枉然了。

　　當生活逼使妳必須獨居時，千萬不要拉下百葉窗，過自哀
自憐的生活。人生不會常常都是順境的，但藉着人生的醜惡、
悲嘆、苦痛和孤寂，每一個人都可以經歷基督顯現的芬芳。耶
穌自己說過：人若喝我所賜的水就永遠不渴，我所賜的水，要
在他裏頭成爲泉源，直湧到永生。妳想，祂難道不可能使妳的
眼淚變成活水江河，好去灌漑那些貧瘠的心田嗎？

（發表於 1987 年 3 月 29 日）

「偉大」的母親

喔！主啊！兒女是祢賜給我的產業，請教
導我如何養育他們，並賜我順服的心。

　　兒子要上一年級時，我就決定讓他開始學鋼琴，因為那好
像是每一個台灣孩子都必須學習的技藝。

　　但那時剛好他爸爸必須在西雅圖長期住院，接受骨髓移植
的治療，好在半年後我們能回到賓州的家一面療養、一面教養
孩子，雖然慢了半年，兒子的功課並沒問題，而且閱讀能力之
強還讓老師有點驚奇。但我一心一意要他學鋼琴，因為這種東
西是慢不得的。我隨便買一台二手貨，母子倆個都學起鋼琴來
了。老師對我這位媽媽學生褒獎有加又搖頭嘆息，說我從小如
有機會好好培養，今天不知是什麼光景。

　　沒關係，這個夢想將由兒子來完成！所以兒子每次練琴，
我一定陪伴在旁，嚴加督促。但奇怪得很，他的閱讀能力那麼
強，看起譜來却像隻笨牛，尤其那十隻僵硬的手指頭，戰戰兢
兢地在琴鍵上摸索，稍一抬高再下去就會走了樣，母親又虎視
眈眈地站在後面，更叫他彈得心驚肉跳。時常眼淚汪汪，敢怒
不敢言，而我則是又心酸又心碎。

　　女兒兩隻小手常在琴鍵上發揮她的想像力，兒子不成器，
還有她，乾脆買一台全新的，五歲就送她去學，老師認為女兒
有乃母之風，前景無可限量。我聽得心花怒放！但兒子不學鋼
琴，總該參加學校的樂隊吧，就幫他選了黑笛，每天晚上有笛

聲又有琴聲，好不熱鬧。

可惜女兒才學了一年琴，她爸爸就撒手塵寰，為了減輕負擔，我把大房子賣了，新的傢俱也賣了，就是鋼琴捨不得賣。三年前還把它從賓州搬到加州，當然包括兒子的黑笛，但兒子一到加州，第一個向我提出的挑戰就是不再參加學校的樂隊。

「那黑笛怎麼辦？」

「留給妹妹用好了！」

兒子對他妹妹還沒這麼慷慨過，總之，十一歲了，不是我這個老媽子可以再任意左右的，所以黑笛只有束之高閣了。

好在女兒照常彈她的琴，我因上班不能接送，老師只好來家裡教，女兒不把它當一回事，往往衣服不整就在上琴課，老師非常重視彈琴的姿勢，但女兒天生好動，要她端端正正坐在琴凳上一個小時，簡直是活受罪，她眼看哥哥可以什麼都不學，為什麼她不能？

「未來的鋼琴家」終於造反了，老師來了還賴在床上或繼續看電視，說她一聲就大眼瞪小眼，我簡直裏外不是人，又要對老師賠不是、又要對女兒陪小心，但女兒討厭鋼琴的程度剛好與我所施的壓力成正比，家裡不但不再有美妙的琴聲，反而成了戰場。

當女兒先後把兩位老師氣走後，有一天忽然說她要參加學校的樂隊，好極了，黑笛就在那邊，不吹白不吹。但女兒堅持不吹黑笛而要小喇叭，好像是故意跟我過不去。每天只好看她辛苦的吹著，女兒每叭一聲，兒子就唉一聲氣，一唱一和，這樣搞了將近三個月，叭的聲音愈來愈小，最後終於完全停止，我反而鬆了一口氣。

　　想到我這個「偉大」的母親，爲了自己的虛榮心，想讓他們來完成自己不能完成的願望，不知害他們吃了多少苦頭，自己花了多少心血，不如把那些逼他們學這學那的精力，用來幫助他們學習上帝的話語，可能還更討上帝的喜悅呢！人活着是靠什麼？不是靠上帝口裡所出的一切話嗎？

　　兒子快上高中了，學校事先通知作家長的最好能幫助他們選擇科系，以備將來進大學之用。我說：「將來當醫生好嗎？」兒子喊一聲「媽…」那投過來的眼光好像在提醒我：「母親！您又來了！」

　　喔！主啊！兒女是祢賜給我的產業，請教導我如何養育他們，並賜我順服的心，他們將來要作什麼？不是照我的意思，而是照祢的恩賜。

　　　　　　　　　　　　　（發表於 1987 年 5 月 10 日）

故鄉情

　　台灣的山水雖然秀麗、美國的河川雖然壯
觀，但都不是我們永居之地。

　　當先夫知道，他必須再作第二次骨髓移植手術時，就開始
寫日記，因為他知道，他可能餘日無多了。從提筆到結束，前
後差不多有兩年的時間，其中記述最多的，除了他自己的病情
變化外，就是有關台灣的事了。

　　我實在不明白，一個人在生病時會懷念自己的故鄉到那種
程度，好像恨不得能有機會來個專修科，將台灣的一草一木到
大街小巷的零嘴小吃細細整理研究。記得在最後那幾個月，他
最想聽的是台灣小調。以前他是古典音樂的忠實聽眾，無論搬
到那裏，古典唱片一定跟隨在側，但在他人生的最後一程，卻
只有台灣的「哭調仔」能慰藉他那顆遊子的心。

　　每思及此，我就痛心萬分而又後悔莫及，為什麼那時我只
一心一意在擔心自己將失去靠山，而沒有想到這個靠山也有他
的軟弱和需要，竟然不會引導他來親近主及仰望比台灣更美的
故鄉——天家？

　　在日記裡他也順便寫了遺囑，關於兩個孩子，他認為應該
回去台灣受教育直到高中為止。但那時兒子已經快上四年級，
幾乎所有的親戚朋友都反對我送他們回去：「人家好不容易要
跑出去，妳反而要把他們送回來？」我自己也實在怕孩子們受
不了填鴨式教育之苦，就決心自己一個人在美國撫育他們。

　　如今四年過去了，兩個孩子已經完全美國化，對於在台的親人，除了阿公阿媽以外，很難讓他們知道誰是誰。講起台語不但結結巴巴，連台灣菜都不捧場了。

　　以前服務過的彰化基督教醫院還時常寄院訊來給我，看到那裏有一羣熱心愛主又愛同胞的基督徒在殷勤作工，我就又羨慕又佩服，眞希望將來仍有機會加入他們的行列。先夫昔日一直有個願望，盼學成後能回到自己的鄉土、服務自己的鄉親，但都爲了孩子裹足不前，如今什麼都太遲了。到底我們爲了孩子而留在美國是對或錯，我已開始懷疑。

　　不過，有一件事我知道我不會再作錯了，就是讓他們認識那永遠的家鄉，我們從那裏來，有一天也都要回到那裏去。

　　台灣的山水雖然秀麗、美國的河川雖然壯觀，但都不是我們永居之地。我們應該羨慕那更美的家鄉，就是在天上的。在那裏我們的主已經爲我們準備了一座城，城中有上帝的榮耀，城的光輝如同極貴的寶石，不再有黑夜、不再用燈光，因爲上帝的光要自己照耀，我想，這才是值得我們渴慕和思念的故鄉吧！

（發表於 1987 年 6 月 7 日）

難道有更好的？

耶穌不是要我們先求祂的國和祂的義嗎？
這是什麼意思，難道上帝有更好的要賜給
我？

先夫逝世後，我之所以敢千里迢迢從賓州搬到加州來，除了渴望加入台福教會以外，另一個原因是知道加州同意讓我參加 LVN 的護士執照考試。在賓州，因為我們教會醫院附設的護校沒立案而拒絕我的申請。到底我最需要的還是能有個工作好撫養兩個孩子。結果上帝沒有讓我再走護士的路，反而讓我成為一個組織切片技術人員。是有點意外，但我相信是祂的美意。就這樣，我們已在加州過了三年，也買了住屋，工作雖然繁重，但都能勝任愉快，心想就這樣安居樂業下去了。

可是兩個月前，老板忽然決定把切片的檢驗室關掉，因為他實在無法兼顧診所和檢驗室。我知道他的確工作得很辛苦，也贊成他關掉，並且叫他放心，不要擔心我的工作問題（老板是先夫的校友，一向對我們特別照顧），至少我還可以回去作護士的工作。

話雖這麼說，心裏可還真是七上八下，護士的工作我已離開了十幾年，還作得來嗎？尤其三班制，無論那一班對孩子都不太合適，想到有時要輪禮拜天的班而不能到教會，更是難過，耶穌不是要我們先求祂的國和祂的義嗎？那麼這是什麼意

思，難道上帝有更好的要賜給我？

　　《損中得益》這本書的作者的確能從百般的損失中看出上帝的賜福，可惜我的信心不夠，苦惱的心情有增無減，不得不在小組查經中提出來請大家代禱，並且提出一個問題：如果上帝將更好的賜給我，我能不能只坐着等它從天上掉下來？大家認爲我至少應該提出申請。

　　因此，首先我想到的是我的指導老師，三年中，我在工作上有什麼困難，一定去向她請教，她也都樂意幫忙，這次也不例外。結果老師先幽了我一默：「妳怎麼有困難才來找我？好時光都分給誰去了？」眞不好意思！不過她比我更着急，馬上介紹我申請南加州大學的工作，可惜目前南加大沒有組織切片的空缺。我提到申請 County 的醫院怎麼樣？因爲那是南加大附屬最大的醫院，老師認爲不可能，因爲那裏的人都是終身職，很少會有空缺出來。

　　但奇怪得很，我就是想試試看，所以就順便去塡了申請表，沒想到第二天就接到要我去面談的通知電話，我反而不敢相信。

　　「你們眞的有空缺嗎？」我傻里傻氣地問。

　　「沒有怎麼會找妳面談？」對方還蠻客氣的。

　　我馬上把這件事完全交在上帝的手中，相信這一切如果是出於祂的旨意，一定會非常順利。結果對方可以說是對我「一見鍾情」，恨不得我能馬上上班才好。工作時間是星期一到星期五，每天早上八點到下午四點半，有健全的醫藥保險及退休制度，薪水比目前還高……。老天，我不敢太高興，怕自己是在作夢呢！

　　指導老師高興得不得了，她認爲，County 的工作對我來說是再好不過了，不過她敎了我一些法寶好保護自己，因爲那邊的工作人多事雜。其實，我心裏明白得很，上帝把我放在那個地方，是要我在那裏作光作鹽，所以我會靈巧像蛇，馴良像鴿子，並用愛心聯絡全德，好叫基督的平安永遠在我的心裏作主。

（發表於 1987 年 7 月 5 日）

新衣

只要我們願意脫去舊人，祂一定會送一件
最合適的新衣給我們穿上。

一天下班回家，看到桌上有個打開了的包裹，裡面躺着一件藍色的洋裝，試穿看看正好合適，不知是誰寄來的？怎麼知道我這特小號的尺寸？翻遍包裝紙竟然沒有寄送人的資料，只知道可能是從華盛頓州寄出，但因晚上有詩班的聚會，必須準備一菜前往，也就沒時間再去追查猜測了。

台灣洛杉磯教會的詩班，每月一次的聚會都使大家受益良多。這次我們有影片欣賞，三浦綾子的「雁狩嶺」讓我們看出一個真正的基督徒會有怎樣的表現，平時如何裝備才能愛人如己，甚至能為別人犧牲自己的生命。當然不是每一個人都有機會作出轟轟烈烈的事來榮耀主，但相信每一個人都有機會事奉祂，只要我們能在主為我們安排的崗位上盡忠，一定都能討神的喜悅。就拿詩班的事奉來說吧，上帝賜給我們美麗的歌喉，又給我們唱歌的機會，我們就該將獻詩當成極重大的事，安排時間來練習，存敬畏的心獻唱，因為唱詩也是在傳遞上帝的信息。

聚會結束，因為孩子們玩興未盡，幾位父母就留下來「話仙」，無意中我提到洋裝之事，有人就開玩笑說，可能是「有心人」喔。但第二天，天未亮，我就被電話聲吵醒，原來是六姊夫，他因出公差到西雅圖一個禮拜，六姊託他帶一件洋裝來

給我，因爲沒時間過來加州，只好用寄的，人回到台灣才想起我一定會爲那件衣服莫名奇妙，只好再撥個越洋電話過來，我差點罵他「冒失鬼！害人家胡思亂想！」不過心裡眞是高興，到底是自己的姊姊才能買那麼合適的衣服給我。

　　想到我們的主，祂不也像我們自己的父母兄姊一樣最了解我們嗎？只要我們願意脫去舊人，祂一定會送一件最合適的新衣給我們穿上，成爲一個新造的人，正如保羅在歌羅西書三章9～10節所說：「……你們已經脫去舊人和舊人的行爲，穿上了新人……」。

（發表於 1987 年 9 月 13 日）

兩顆門牙

> 我再次將女兒交在上帝的手中，能夠看到
> 她又天眞活潑的在外面奔馳，我的心裡只
> 有感謝和安慰。

女兒吵着要買 skateboard（滑板），我堅持不允，女孩子玩那種東西像什麼！不久，隔壁搬來一家人，有個女孩子與女兒同年，兩人馬上就打得火熱，而她也有一架滑板，女兒躍躍欲試，我雖百般勸阻，偶而仍會看到她站在板上從高處滑下來，她玩得痛快，我却心驚膽戰。

有一天，女兒眞的摔下來了，只見滿嘴的血，也不知傷在那裏，不久她吐出一隻完整的門牙，我想傷口一定不小，馬上與牙科醫師聯絡，經X光一照，才知道另外一隻也報銷了，我的心一陣抽痛，淚水已奪眶而出了。

在家休息了兩天，第三天是主日，我們照常準備上禮拜堂，女兒站在鏡子前面左瞧右看，仍然鼻青唇腫的，我知道她的顧忌，就帶她一起禱告，感謝上帝只讓她失去兩顆門牙，感謝上帝讓事情發生時媽媽已經在家，並且將這一整天她將要面對的驚奇與關懷交在上帝的手中。

然後我順便說了一些「敎」：爲什麼當初反對她買skateboard，以後媽媽不在家時千萬別往外跑……等等。最後我問她，以後還敢不敢再玩？女兒居然說：「敢！」，我眞有點不敢相信我的耳朵，但看她那一臉認眞相，反而把我弄得啞

口無言。

牙科醫生爲她做了一副假牙，戴起來反而比以前好看，因爲以前那兩顆有點向外凸，我自嘲地想，說不定以後可以省下幾千塊錢不必爲她調整牙齒呢！

這次女兒出了意外給我一些感觸。我們作父母的，往往將兒女的安危完全繫在自己的身上，一旦事情發生，就自怨自責，以爲自己沒盡到保護他們的任務，其實脚長在孩子身上，我們又怎能一天二十四小時盯著他們？但上帝讓我從詩篇一二一篇領悟到，保護你的是耶和華，耶和華在你右邊蔭庇你，而且祂從不打盹、也不睡覺。所以，我再次將女兒交在上帝的手中，能夠看到她又天眞活潑的在外面奔馳，我的心裡只有感謝和安慰，因爲上帝賜給我們的，的確是剛強而不是膽怯的心。

（發表於 1987 年 10 月 2 日）

討誰的喜悅？

> 上帝的話語像一面鏡子，時常照出我們的
> 缺陷，就像一張切片在顯微鏡下顯出不完
> 全一樣。

以前在私人檢驗室工作，雖然老板是自己的朋友，但他對作出來的切片（ slide ）却要求很嚴，因此時常被打回票，遇到這種情況，我都很不甘心，認為他太挑剔了。

不久前我申請到公家醫院作同樣的工作，因為以前只作皮膚的切片，經驗比較不夠，但我認真學習，很快的，我作出來的切片並不比在那裏作了多年的同事差多少，我的單位主管將我的成品拿給主任看，也得到好評，更使我相信自己實在有一手好技術。

可是有一天，主任將一些作得不理想的切片用幻燈片映出來給我們看，一看就知道是出於粗心，主任說這樣的切片會影響他的診斷而誤了病人。我們一共有八位技術人員一起工作，因為他沒指明這些切片是誰作的，大概沒有人會認為那是自己的「傑作」吧！

轉眼我已在 County Hospital 上了大半年的班了，因為每天都作一樣的工作，熟能生巧，精神開始鬆懈下來，對所分配的工作像例行公事般的應付了事。

直到有一天，主管要我為主任作一個切片，因為知道是主

任要看的，我特別用心，希望能作到盡善盡美，作完後又在顯微鏡下查看一番，認爲很滿意才敢交差。

　　但上帝藉著這件事却對我說了話：「妳爲了討主任的歡喜，會特別用心作一個切片，妳曾否爲了討我的喜悅，而特別用心在妳的工作上？」我想起保羅曾對作僕人的說：「你們作僕人的，要凡事聽從你們肉身的主人，不要只在眼前事奉，像是討人喜歡的，總要存心誠實敬畏主。無論作什麼，都要從心裏作，像是給主作的，不是給人作的，因你們知道從主那裏必得着基業爲賞賜。你們所事奉的乃是主基督。」（西三22～24）

　　因此，我下定決心要作一個忠心的僕人，就去找一支放大鏡，幫助我有限的眼力選擇更好的切片組織，作好後，又在顯微鏡下一張一張查看，一方面想知道自己是否作得完美，一方面也可以從中改進。我知道這些切片不一定都會經主任過目，但我知道主却在暗中察看。

　　其實，最後我學習最多的是發現自己的軟弱及不完全，有時以爲作基督徒多年，行事爲人一定夠標準，但上帝的話語像一面鏡子，時常照出我們的缺陷，就像一張切片在顯微鏡下顯出不完全一樣。感謝上帝賜聖靈在我們這些屬祂的子女心中作潔淨的工作，使我們能越來越成爲合祂心意的人。

　　在公家醫院前半年是試用期，到期後，主管會作一個報告，以便決定是否繼續聘用。一個月前我已得到一個很好的報告，但我不敢再驕傲，如果不是上帝用祂的慈愛圍繞我、幫助我，今天我也只是一個作表面功夫的人而已。

　　相信有一天當我們回到上帝的面前，祂斷定我們是不是一

個忠心的僕人，一定不是看我們在世上作多少豐功偉業、討多少人的歡心，而是看我們在每一件微小的事上是否忠心吧！

　　　　　　　　　　　（發表於 1987 年 12 月 13 日）

互相效力

> 我知道別無選擇，只有順服，所以晚禱
> 時，我特別爲那位印度男士禱告，求主賜
> 福他，給他喜樂的心……

當我申請到 County Hospital 的工作時，心裏眞是高興，感謝讚美主。雖然指導老師告訴我，那邊有很多不愉快的工作人員，但無論如何，我已決定在那邊作光作鹽，並用愛心聯絡全德。

工作了一個多月，我與大家都相處得不錯，但其中有一位印度男士不知何故，時常滿腹牢騷，幾乎和每一個人都發生過衝突，對待上司也態度傲慢。

有一天，另一個工作單位有人抱怨我們不合作，其實也就是印度老兄惹的禍，上司不得不與對方作了君子協定，今後大照規定行事，以免再橫生枝節。因此，她找個機會向我們宣佈這新定的規則，印度老兄可能「作賊心虛」，一股勁兒地百般辯駁，害上司連講話的餘地都沒有，我實在看不過去，就對他說："Please，listen！"結果事後他兇巴巴地來找我，叫我以後少管閒事。

剛好那天上司發給每人一張通知單，因爲 County 從七月開始加薪，通知單上清清楚楚說明各人薪水情況。在我單位裏的其他幾位同事，不管他們在外面有多少的工作經驗，以前初

就職時，都是從最低薪領起，所以他們認爲我也會如此。但一開始我就知道我跳了三級，爲免大家不高興，我一直保持沈默。怎料到印度老兄偷看了放在我桌上的通知單，開始大作不平之鳴，聯絡同事攻擊我，還一直逼問我的學歷及工作經驗。

爲了這件事我的心情非常沉重，不是擔心他們的攻擊會影響我的薪水，而是作爲一個基督徒要如何來面對這件事？或許我可以先告他一狀，到底他沒資格偷看我的通知單，何況這份薪水又不是我騙來的！但轉念一想，上帝很奇妙地安排這個工作給我，現在祂允許我面臨這樣的挑戰，一定有祂的用意吧！

因此，我開始尋找祂的話語，很快的，我就在羅馬書看到上帝要指示我的話：「不要以惡報惡，衆人以爲美的事要留心去作。若是能行，總要盡力與衆人和睦。親愛的弟兄，不要自己伸冤，寧可讓步，聽憑主怒，因爲經上記着『主說：伸冤在我，我必報應。所以，你的仇敵若餓了，就給他吃，若渴了，就給他喝，因爲你這樣行就是把炭火堆在他的頭上。』你不可爲惡所勝，反要以善勝惡。」（羅十二 17～21）

看到以上的經文，我知道別無選擇，只有順服，所以晚禱時，我特別爲那位印度男士禱告，求主賜福他給他喜樂的心。

第二天，我仍然以笑臉迎他，並且主動幫他一點忙，我看他有點不自在，大概眞的有「炭火」堆在他的頭上吧！如今，已經一個多月過去了，不但沒有人再介意我的薪水，反而大家都知道上帝如何恩待我。眞的是「萬事都互助效力，叫愛神的人得益處」，也因爲這個見證，一位姊妹更堅定要來跟隨我們的主呢！

（發表於 1987 年 11 月 8 日）

生產之苦

> 我嘗試生個屬靈的嬰孩，上帝却送給我一
> 對雙胞胎！

　　自從響應了牧師的呼召，願意成為一個傳福音的人以後，就像一對新人走上了結婚禮堂，說了一聲"I do！"，再來就是要面對懷胎生子了。

　　在我的同事中，有一位華人，曾就讀過教會學校，但對福音沒什麼概念，家裡又是拜偶像的，因此有機會我就跟她談救恩的道理，但她認為只要不作壞事，信什麼都一樣。不久前她的母親過世，照華人的習俗，親人都要向死者行跪拜之禮，她有一個姊姊嫁給基督徒丈夫，夫婦倆堅持除上帝以外不跪拜任何人，這件事引起她全家人的攻擊，我這個同事也恨得咬牙切齒，認為基督徒都沒有孝心，叫我以後不要再跟她說什麼信耶穌了。

　　最近不知怎麼搞的，她變得鬱鬱寡歡，做事也不起勁，後來才知道她常常會陷入情緒低潮之中，已經有好幾年了。因此，我開始為她禱告，像她這樣的人，實在非常需要上帝的慈愛來滋潤她苦悶的心田。

　　有一天，她忽然問我：「為什麼妳常常都很喜樂的樣子？」我就把握機會說：「因為有主與我同在。」想不到她竟然向我要聖經看看，我一高興，不只送她聖經，還送她一本靈修手冊。

　　我知道如果不是聖靈作工，她一定很難從上帝的話語得到力量和安慰，就想帶領她接受耶穌作她個人的救主。在我的手提包裏有一本福音手册，但一直不敢使用，有一天我眞的拿出來了，心裡七上八下的，眞怕她會拒絕。但奇怪得很，她像一個聽話的小女孩，跟着我一頁一頁地看，最後眞的打開心門接受耶穌作她個人的救主了。

　　因此再來的禮拜天，我專程去接她來教會敬拜上帝，她的先生也願意同行。當崇拜結束，牧師呼召願意接受耶穌的人到前面時，他們倆都走到前面去。我嘗試生個屬靈的嬰孩，上帝却送給我一對雙胞胎！

　　作母親的人都知道，嬰兒一出生一定要細心地照顧、餵養才會長大，所以每天我都利用午餐的時間陪她讀聖經，並且教導她如何禱告。

　　可是她憂鬱的情況並未好轉，不久就開始請病假，我焦急得很，整天都在盤算着如何來幫助她。但過了不幾天，竟然傳來她已過世的消息，我簡直不敢相信這是事實，同事們都很傷心，但我不只是傷心，還覺得很可惜，因爲她已接受耶穌作她個人的救主，我正期待着有一天她也將會有與主同在的喜樂呢！

　　對於這件事我實在非常的難過，但我能問爲什麼嗎？上帝的意念永遠高過我們的意念，我只能相信她已回到主的身邊，因爲經上說：「你若口裏認耶穌爲主，心裏信神叫祂從死裏復活，就必得救。」（羅十9）

　　我們基督徒實在有責任將失喪的人帶回到上帝的面前，可是經上又說：「凡求告主名的，就必得救。然而，人未曾信

祂，怎能求祂呢？未曾聽見祂，怎能信祂呢？沒有傳道的，怎能聽見呢？若沒有奉差遣，怎能傳道呢？」（羅十 13～15）

　　所以我求主賜給我更大的愛心，去關心那些失喪的靈魂。雖然帶領人信主，好像一個母親期待嬰兒的出生，免不了要嘗盡生產之苦。但「我想現在的苦楚，若比起將來要顯於我們的榮耀，就不足介意了。」（羅八 18）何況，「報福音、傳喜信的人，他們的脚蹤是何等的佳美」呀！

（發表於 1988 年 2 月 28 日）

上好的福份

回顧這幾年來的心路歷程，我越來越感激
上帝讓我有份於苦難的試煉。

先夫生病期間，雖然是最艱難的時候，但也是我們最親近的一段日子。我們的心情隨着病情的變化一同起伏，可以說是同心合意在走這段最坎坷的道路。

最後終於走到死蔭的幽谷，我們的手仍然緊握着，但却是我緊捉着他的，而他已漸漸地把我放開。

「請帶我一同過去，不要把我留下來。」我懇求着。

「……」第一次我看到他那麼無情的一面，不再理我。

既然不能陪他過去，只有回頭，猛然才發現還有兩雙小手正無助地伸向我。

很多很多的慰問卡，四面八方的飛來，其中一張說：「我相信妳會漂亮地站起來。」

所以，我開始到老人療養院，從助理作起。以前多年的護理經驗，使我作起來得心應手，怪不得把一些老人服侍得眉開眼笑，竟然有人向我祝起福來了。

「求上帝賜福妳及妳的家人，特別使妳的先生長壽……」

他們的好意讓我哭了好久。

為了裡外兼顧，母代父職，白天我一面上一小時三塊五毛錢的班，晚上則冒着風雪到學校去，那是一段孤苦艱難的日子。但我故意接受這種風吹雨打的挑戰，因為知道不會再有人

把我養在溫室裡。

一位醫生的太太看到我那麼辛苦的在療養院工作，就邀請我去照顧她的父母。同樣的價錢，更合適的工作時間。其實這是上帝特意的安排，因為由於這對九十歲的老夫婦，他們虔誠的信仰、愛主的心，及一屋子的屬靈書刊，我的靈命才又復活過來。我的眼睛好像被耶穌用口水和泥抹了一把，忽然明亮了，清清楚楚地看到祂。

從那個時候起，我緊緊的捉住主的手不放。

「請帶領我到一個流奶和蜜的地方去。」我這樣禱告著。

「先求我的國和我的義，其他的一切我都會為妳安排。」

因此，我到處尋找有主同在的教會。很奇妙的，遠在加州的台福教會開始吸引着我。但有一年的時間我為加州之行躊躇着，這期間有懷疑也有懼怕，好在上帝的手一直讓我緊握着，由於我沒有足夠的信心，祂甚至讓我看到祂已在加州為我準備了嗎哪。

其實，上帝要賞賜給我的豈只是嗎哪而已，簡直是超出我的所求所想呢！現在我不只在台福教會參加敬拜，還有份於事奉的行列。另一方面我也得到一份意想不到的工作，就在一棟十八層樓的大醫院裡。每天早晨上班時，遠遠地我就看到它，我的心跳躍着，因為不敢相信自己會成為那裏面的一份子。

回顧這幾年來的心路歷程，我越來越感激上帝讓我有份於苦難的試煉。因為在諸般的苦難中，我才真正體驗到上帝的仁慈和大愛，靈命也因而長得更茁壯。在我的生命裏，現在只有一個願望，就是為榮耀主而活，且在日常生活中彰顯並傳揚耶穌基督的大愛。

　　《住在基督裏》的作者慕安得烈說：「上帝讓我們接受苦難的試煉，是要我們能在基督裡找到安息，並在苦難中經歷祂所預備的豐盛恩典。」祂磨鍊我們是要叫我們得益處，使我們在祂的聖潔上有份。因此，我們所受的苦難反而成爲得着上好福份的機會──預備多結果子。因爲「凡結果子的，祂就修理乾淨，使枝子結果子更多。」（約十五 2）

　　　　　　　　　　　（發表於 1988 年 4 月 10 日）

不靈光的母親

孩子是上帝託我們暫時管理的產業，祂允
許我單獨來撫養他們，因為祂知道我會凡
事求祂的幫助。

一天下班回來，看到車庫的門仍關着，覺得有點奇怪。因
為向來都是兒子先到家，他會把門開着等我回來。正在納悶，
他已騎着腳踏車滿面通紅地直奔而入，手裡拿着一束康乃馨。

"Mom! Happy birthday!"他不好意思地遞給我，掉頭就
往屋內跑。

「這孩子！……。」我愛憐地叨唸着。眞不相信他已長大
了。

記得先夫要走以前，曾吩咐我把倆個孩子帶回台灣去，讓
他父母兄長幫我撫養，因為他實在不放心我一個人在美國單獨
撫養兩個孩子。這也難怪！以前凡事都是他在作主，我不愁
吃、不愁穿，天塌下來有他頂着就是，就連在美國生存的必備
條件：英語和開車，我都不太靈光，叫他怎麼放得下心呢？

但孩子們的教育問題，使我決定留下來，好在上帝特別看
顧孤兒寡婦，祂在我還不知如何求告祂時，已在暗中引領我們
了。搬來加州可以說是祂最奇妙的大手筆，否則像一隻井底青
蛙，我再怎麼努力也跳不出那口深井。

可是一到加州我卻面臨了最大的挑戰，就是這個兒子，他

對我必須搬來洛杉磯一點兒也不能諒解。在賓州住得好好的，尤其那個小山鎮他是那麼喜愛。記得有一次放學後他沒馬上回來，却和同學在路旁的小溪捉青蛙去了，那是小鎮的夏天；至於冬天，積起來的雪比他們的頭還高，不但可以挖雪洞、堆雪人、築雪城，還可以打雪仗。而洛杉磯只有一條一條的大馬路和往來奔馳的車子，我又警告他們不能到處亂跑，好像隨時都會被壞人捉去似的。只好整天呆在又悶又熱又吵的公寓裏，這叫他怎能諒解我的選擇呢？

更糟糕的是兒子已開始進入反抗期，什麼都不能順他的意，以前在學校是老師的寵兒，現在反而變成他們頭痛的對象。

有一次老師叫他們畫兩隻手在紙上，一隻手寫上他們最喜愛的，另外一隻手寫上最討厭的。結果兒子在討厭的那隻手上有老師、有妹妹、也有我這個母親大人，那紙條把老師嚇壞了，因為在他喜愛的那隻手上又是刀又是槍的。

我被叫到學校去，並且被建議必須帶他去看心理醫生，因為他心中充滿了怨恨。他的確有滿腔的憤怒需要發洩，因為他不明白為什麼可以帶他去釣魚的父親必須離開他，為什麼他不能住在他喜歡的地方，……為什麼？為什麼？

誰能回答這些問題？只有上帝了！所以我把他帶到上帝的面前，而沒帶他去看心理醫生。好幾次主日崇拜後，我為他站到前面去請牧師、長老們代禱，因為我相信「義人祈禱所發的力量是大有功效的。」（雅五 16）

孩子一天一天在長大，我也一天一天在學習中，尤其對上帝的信心是一門最困難的功課。因為上帝並沒揮出魔術棒，使

兒子在一夜之間變成一個乖巧聽話、成績單全 A 的孩子，祂倒是照着我的信心一點一滴在改變他。

　　如今已經快六年了，雖然我的英語和開車仍不太靈光，但這六年來孩子們並沒一天被餓着。兩年前，兒子十三歲時已決志信主並受洗。女兒一直都比較聽話，雖然也開始進入反抗期，但我已有備無患。我實在非常感激上帝安排我們來到加州，成為台福教會的一份子，使我們能在這個愛的大家庭裡拾回曾經失去的。

　　孩子是上帝託我們暫時管理的產業，祂允許我單獨來撫養他們，因為祂知道我會凡事求祂的幫助。有人因為太聰明、太自信，反而使上帝「不好意思」插手。但我這個不靈光的母親，除了祂以外又能向誰求助？結果上帝不只幫助了我，也悅納了我。

　　　　　　　　　　　　（發行於 1985 年 5 月 1 日）

枯乾的種子

慚愧的眼淚終於一滴一滴地流下來，滴在
我那失去愛心的心田裏。

　　有一陣子不知怎麼搞的，只要工作久一點，背部就痛得有
點支持不住。有一天實在痛苦難當，工作一半就停下來休息，
一位同事就不懷好意地取笑我說：「怎麼也要休息了？」

　　這位同事最近對我存有偏見，我知道事情與一位super-
visor的助手有關。這位助手工作能力很強，也很認眞作事，
但却不喜歡看到別人也有好的表現，而我常常先作完自己份內
的事又喜歡幫助別人，使她非常在意，也許她認爲我是在表現
給上司看，甚至會搶去她的風光吧！因此有意無意之間時常講
些會損傷我的話。

　　對於她的誤解與不友善我一直保持沉默，因爲我覺得一個
基督徒認眞工作是應該的。外表我裝作若無其事，內心却不得
安寧，漸漸地她那不友善的嘴臉時常浮現在我的面前，甚至清
早靈修的時候也在計算她的惡：主啊！她的口中沒有誠實、心
裏滿有邪惡，她的喉嚨是敞開的墳墓、用舌頭諂媚人，求祢定
她的罪，願她因自己的計謀跌倒……。

　　使用這些詩篇的話來控告她，我的心情並沒好過一點，反
而充滿了忌恨、苦毒、惱怒和不平。聖靈所結的果子——仁
愛、喜樂、和平……却一粒粒地凋謝，我不得不將我的困難向
我們的 supervisor 傾訴，因爲她是一位非常仁慈的基督徒。

對於我的困難她答應在禱告中幫助我，她很了解這位助手的毛病——沒有安全感，希望我能用基督的愛心去包容她。

Supervisor 的仁慈使我覺得非常慚愧，耶穌說：「你們若單愛那愛你們的人，有什麼可酬謝的呢？就是罪人也愛那愛他們的人。」（路六32），可是我發現要愛一個不喜歡我們的人是那麼困難，以前我都認爲自己是一個充滿愛心的人，原來我只是一直活在被愛之中。

所以首先我求主除去我心中對她的怨恨。這實在是不容易，但是每當心中再度充滿憤怒時，我就仰望我們的主耶穌被釘十字架的情形，祂在上面擔當的是什麼？不是那些我們擔當不起的嫉恨、苦毒、惱怒和不平嗎？耶穌說：「父啊！赦免他們，因爲他們所作的，他們不曉得。」（路廿三34）

可不是嗎？我的同事怎麼知道我認眞工作是爲了感謝愛我的主？祂讓我在不可思議的情況下找到這份工作，雖然沒經過正式的訓練，却得到與別人相同的報酬，並且被上司器重，難怪她們要憤憤不平了。因爲在她們的眼中只有世間的爭權奪利，然而保羅却教導我們「凡屬基督耶穌的人，是已經把肉體連肉體的邪情私慾同釘在十字架上了，我們若是靠聖靈得生，就當靠聖靈行事。不要貪圖虛名、彼此惹氣、互相嫉妒。」（加五24～26）

慚愧的眼淚終於一滴一滴流下來，滴在我那失去愛心的心田裏，但願這些淚水能再次滋潤那些枯乾的種子，就是聖靈要結的果子「仁愛、喜樂、和平、忍耐、恩慈、良善、信實、溫柔、節制。」（加五22～23）雖然同事的誤解及不友善的言詞偶爾仍會刺傷我的心，但我已不再介意，反而要感謝上帝，

是祂揀選了我，故意把我栽在荊棘中，要我在多棘的園裏也能
為祂開花結果，使我更加認清「在人是不能，但在祂凡事都
能」。

（發表於 1988 年 9 月 18 日）

主豈關懷？

> 這麼多年了，我的歌聲偶爾仍會變成啜泣
> 聲，但我一直深知耶穌關懷。

「主豈關懷？我心眞傷悲，致到不會出聲吟詩，重擔眞正
重，掛慮眞失望，路遠厭倦無愛振動……」（台語詩歌）

歌聲才一開始，隣座的美華姊已泣不成聲，看到現在她，
好像看到六年前的自己，不同的是那時我獨自一人在賓州的一
個小城參加美國人的教會。

先夫在遺囑中吩咐儘可能將他帶回台灣去，所以我們陪他
的骨灰回台一個多月，再回到賓州時已經白雪飄飄了。我在屋
裡待了幾個星期後，很想回到教會去，雖然先夫的棺木曾停在
那裏過，但我多麼希望再回到教會去唱聖詩呀！終於，我披上
黑色大衣，毅然走向教會。

那天牧師的信息是什麼我一句也沒聽進去，因爲告別儀式
一幕一幕在眼前晃過，好不容易等到站起來要唱聖詩時，我的
嘴巴一張開，「唱」出來的竟是斷斷續續的啜泣聲。

「主豈關懷？我心上意愛，也着相辭離開世界？憂傷到欲
心肝爆裂，主豈關懷致意？」

答案是肯定的，只要我們肯來到祂的面前，因爲耶穌說：
「凡勞苦擔重擔的人可以到我這裏來，我就使你們得安息。」
（太十一 28）

耶穌在那裏呢？就在你的身邊，祂藉着你周圍的人在關心

你。先夫曾立下志願，以後他要更愛我們。他的意願隨着他的
離去而消失了嗎？沒有，他的愛透過他的同窗、他的好友對我
們母子三人的關懷，反而更深更廣了。

　　我在一本書上看到這樣一段話：「寬容自己是我們罪的本
性——希望被取悅、被寵愛、被安撫，自私使我們內心完全被
自我的需要所充滿，因此很容易懷疑上帝是否關心我們。」好
在上帝了解人性的軟弱，雖然祂更希望我們能定睛在祂的身上
而不要只看自己的無助、孤單及被遺棄，但祂仍然以愛包容我
們。

　　事實上，上帝允許我們遭遇患難是在訓練我們，因為「我
們在一切患難中，祂就安慰我們，叫我們能用上帝所賜的安慰
去安慰那遭各樣患難的人。」（林後一4）

　　這麼多年了，我的歌聲偶爾仍會變成啜泣聲，但我一直深
知耶穌關懷，因為祂讓我被包圍在一羣充滿愛心的人之中。因
此，我也慢慢在學習伸出愛心的手去扶持需要扶持的人，有時
上帝會使我們去成為祂對別人禱告的回答，同樣的，當我們有
所祈求時，也應該允許別人被上帝使用來回答我們。

　　主豈關懷？答案是肯定的，只看我們是否願意被祂使用。

　　　　　　　　　　　　　　（發表於 1988 年 7 月 3 日）

吾家有女初長成

回到家，看到女兒一臉的不自在，我也無
力再責備她，反而迫不及待地打開聖經。

　　常常聽說孩子越大煩惱越多，但我覺得不必再天天奶瓶尿
布的輕鬆多了，直到有一天……

　　我上下班的時間與孩子上下學有點出入，每天幾乎有兩個
小時我必須憑信心把他們交在上帝的手中。兒子年紀比較大又
是男孩子我比較放心，偶爾看他因表演飛車（脚踏車）而跌得
頭破血流，我也只是心疼而已，倒是女兒漸漸長大了，爲母的
我一面是喜一面是憂。

　　好在隔壁住了一家好鄰居，有一個同年的女孩子與她作伴
上下學，不過每天早上我仍不厭其煩地把兩個孩子交在上帝手
中。每天下班回來看到兩雙骯髒的球鞋東倒西歪躺在客廳地板
上時，我都會感謝上帝的保守。

　　有一天下班後，順便到超級市場去買點東西，回到家已過
了五點半，一眼只看到一雙大的球鞋，馬上問兒子，妹妹到那
裏去了？回答說：「不知道！」我想也許在隔壁，打電話過
去，女兒並不在那裏，不過她朋友說女兒曾提到要到對面買
pizza 去。

　　買個 pizza 也不必花那麼多時間呀！不過我仍跑過對街去
瞧個究竟，這個 pizza 店我還是第一次進去呢！有幾個大男人
在裡面工作，我問他們一個鐘頭前有沒有看到一個女孩子來買

pizza，回答說他們都是剛換了班的，這之前只有一個男孩在店裡，我要求他們打電話給那個男孩子，但男孩子還沒到家。我心裏七上八下的，一些可怕的念頭直往上冒，甚至懷疑那些大男人把我女兒藏起來了。

我兩步三步就橫過馬路，心裏直喊「主啊！」脚却往兒子跑去，好像他已長大到可以分擔我的重擔似的。兒子不相信我會緊張到這個程度，還開玩笑地說：「沒有人要她的。」他常常說她妹妹是一隻醜小鴨。不過到底還是他眼明手快，發現女兒留了一張紙條在我亂七八糟的桌上，原來她到圖書館去了。

South Pasadena 的圖書館不大，我在裡面轉了幾圈並沒看到她的踪影，剛剛鬆懈下來的心又緊張起來了。我一直不允許她自己到圖書館去，因爲她還搞不清方向。好在一位職員記得她才離去不久，我循着她可能走的路慢慢開回去，希望能在路上捉住她，這下被我逮到非好好教訓一番不可！怎麼可以不先告訴我就擅自一個人往外跑，難道她不知道我會替她擔心嗎？忽然一股被戲弄的憤怒湧上心頭，悲憤交集，加上常常乘隙而入的自憐，使我眞想痛哭一場。

不知有多少次，往往我一下班還沒喘一口氣，女兒就吵着要去圖書館，我總是恨不得她能快快長大好自己去。現在她眞的踏出她的第一步，我反而不敢放手了。也許我對再失去所愛的有恐懼感吧！回到家，看到女兒一臉的不自在，我也無力再責備她，反而迫不及待地打開聖經，因爲每次當我力不從心時，以賽亞書五十四章總能再次加增我的力量。

「你這受困苦、被風飄蕩不得安慰的人哪，我必以彩色安置你的石頭，以藍寶石立定你的根基，又以紅寶石造你的女

牆，以紅玉造你的城門，以寶石造你四圍的邊界。你的兒女都
要受耶和華的教訓，你的兒女必大享平安。你必因公義得堅
立，必遠離欺壓，不要害怕，你必遠離驚嚇，驚嚇必不臨近你
……。」（賽五四11～14）

　　「主啊！感謝祢賜下話語作我隨時的幫助與力量，雖然明
知祢是信實的，必不叫我受試探過於我能忍受的，但我的信心
就是這樣的軟弱。也許祢允許我在日常生活中面對一些小挫
折，是在提醒我更捉緊祢的手吧！主啊！如果不是緊緊靠着
祢，我是無法獨自撫養兩個孩子的，請繼續教導我吧！教導我
如何完全地交託，因為把他們交在祢的手中，一定比在我的手
中安全……」

　　「我餓死了！」女兒不耐煩地打斷我。

　　看看女兒，我真是啼笑皆非，她已把她惹的禍忘得一乾二
淨了。不過看她最近還算「文明」的吃相，也許是真的長大
了。

　　　　　　　　　　　　　（發表於 1988 年 8 月 14 日 ）

愛之旅

　　在回去之前，我有一個心願，希望能在台
　灣爲主作點什麽。

　　抱着先生的骨灰，悲悲戚戚地回台灣已經是六年前的事
了，去年本來已決定再回去看看親人，却因換了工作而躭擱下
來。今年七月我已在公立醫院上了一年的班，可以開始使用假
期，就決定回去了。

　　不過，在回去之前，我有一個心願，希望能在台灣爲主作
點什麽。可是三星期的假期中，一星期是病假，因爲我將回到
以前工作的彰化基督教醫院去把眼睛整理一下。雖然不是什麽
大毛病，但能回到自己的醫院讓自己信任的醫生開刀，實在是
人生一大樂事，後來證明這個決定是聰明的。

　　躺在手術枱上，周圍圍了一圈的笑臉，一位醫生開玩笑
說，一個小手術却勞師動衆。當周醫師將他的手放在我的眼睛
上作手術前的禱告時，我激動得淚水在裏面打轉，一切都沒有
改變，仍然是屬於基督的醫院，改變的只是我不再是護士而
已。

　　回台後第一個禮拜天，也是開刀後第四天，眼睛仍不太舒
服，心想大概沒機會去敬拜上帝了，因爲是住在嘉義的婆家，
而他們並未信主。但那天下午却來了幾位娘家的人，二姊邀請
我去她以前在嘉義的教會參加晚間崇拜。二姊的牧師聽了不少
我的故事，好意邀請我上台作些見證，那天我在台上講了些什

麼已不太清楚，只記得二姊在台下頻頻拭淚。

崇拜後却來了一位漂亮的小姐，希望我能抽空到嘉義基督教醫院參加他們員工的的晨間禮拜，並且順便作些見證，原來這位小姐是院牧室同工之一。她的好意我不敢推辭，因為是我自己向上帝討來的差事，雖然有點出乎意料之外。

後來我在嘉義基督教醫院作了兩場的見證，並且大量推薦我們的台福通訊作為她們的靈性糧食。在我離台之前，私底下又與幾位姊妹交通，真的是家家有本難唸的經。與那些姊妹交通時，我深深感到自己的不足，如果真的要為主作工非在靈性上更下功夫不可，否則實在很難將豐豐富富的主分享給別人。

最後我們利用一個星期回娘家拜訪眾兄姊，南下又北上，凡我們所到之處都讓人家忙得團團轉。住在台南的六姊早就為我在她的教會安排一場見證，因為已有三次的經驗，這次講得比較有系統，主要與大家分享茫茫中上帝如何帶領，及在台福教會的事奉，特別強調奉獻的蒙福及靈修生活的重要，最後我說到一個基督徒的受苦有時反而可以成為上帝更能使用的器皿，只要我們順服下來。

轉眼三個星期已去了一大半，兩個孩子很難適應我的故鄉，不過都表示願意再回台灣。他們一直最缺乏的「親人的愛」，這次被大大地澆灌。看到大家不遺餘力的討好他們，使我又感動又愧咎，但願下次再回台灣時，他們已長大到可以回報人家的愛了。

六年來我們已習慣單調的生活，忽然一下被包圍在眾家人之中，幾乎使我承受不了他們所付出的愛。這次回去看到母親靠信心所播下的種子，已在台灣各地發芽成長，非常安慰。但

遺憾的是公公婆婆仍然熱衷於他們的偶像崇拜，只有求主憐憫他們。

　　終於又是上飛機的時候了，離別的愁情加上三大箱沉甸甸的行李，使得脚步特別沉重，但人生本來就沒有不散的筵席。我雖然被移植到不同的園地，但望着機窗外的藍天白雲，我知道到處都充滿了上帝的信實、祂所賜的盼望及永不止息的愛。的確「如今常存的有信、有望、有愛，這三樣，其中最大的是『愛』。」（林前十三 13）

　　　　　　　　　　　　　（發表於 1988 年 10 月 16 日）

顛簸的路

也許有時上帝讓一些人走在顛簸的路上，
就是因爲要通過他們去幫助別人。

在我工作的那個 County Hospital 上班的人，都能免費停車在指定的停車場裡。但這個暑假快結束以前，我平日使用的停車場挪出一大半作爲員工小孩的照顧中心，而使車位頓時減少了很多。物以稀爲貴，大家只好爭先恐後，但最後總有幾輛車被擋在門外。

學校開學後，我只好去買兩個大鬧鐘給孩子，因爲我必須提早出門，不能再像以前一樣，一而再再而三的催他們起床。有時到醫院後不放心，又打電話回去確定他們已一切就緒。遇到這樣的情況心裏實在很煩，但我仍慶幸到底孩子已長大了，可以處理一切自己的事情，我只要把早餐準備妥當就行了。

提早出門並不表示可以提早回家，所以我也不需早進辦公室，就待在車裡看書或聽福音廣播直到時間到了才去報到。因此在這多出來的時間裡我反而與主更親近，也就樂此不疲了。

一天，我仍然是提早出門，但到達停車場時却被擋在門外，眼看在我前面的那部車順利通過，就差那麼幾秒鐘，心裏眞是不舒服。忽然我想到如果這是進天國的門呢？耶穌說：「你們要努力進窄門。我告訴你們，將來有許多人想要進去，却是不能。」（路十三 24）因爲這個教訓，我求主幫助我更加儆醒，免得將來被擋在天國的門外，那才眞是後悔莫及了！

　　在有計時表的路旁停好車後，我仍然在思考一些問題。每天不知有多少人和我一樣被擋在門外，如果我能退出這場競爭是不是可以給別人多一個機會？我的住所離醫院不遠，門前就有巴士站，為什麼不搭巴士上班，坐巴士也許是顛簸了些，但如能因而嘉惠於人，何樂而不為呢？也許有時上帝讓一些人走在顛簸的路上，就是因為要通過他們去幫助別人。

　　是的，當我在最無助最低潮時，上帝的確曾通過一個人來幫助我。Joni，一個十七歲的少女，因跳水而折斷了頸骨，終生必須坐在輪椅上，只有肩膀以上有知覺，但上帝卻使用她的殘障幫助千千萬萬在苦難中的人。她走的路可以說是夠崎嶇的了，因為她連用手去擦自己的眼淚都不能，但她卻能說：「只要有一個人因我的殘障而信主，我坐在輪椅上已值回了票價。」而我仍四肢健全，只因失去一個所愛的人就以為是世界末日。看了她的自傳，我的確不敢再自悲自憐了。

　　搭巴士上下班的確有很多的不便，但幾個月下來也已經習慣。偶爾有人看我瘦小還會讓位給我呢！不過通常都是我讓位給那些比我更需要的人。我想，這真像一輛奔走天路的巴士，載滿了各色各樣的人，有的人靈性比較高，有的人卻肉體軟弱。雖然大家要努力進窄門，但更重要的是「堅固的人應該擔代不堅固人的軟弱……」（羅十五1）。只要大家互相扶持走天路，即使必須走在顛簸的路上，人生仍然是美麗的。

　　　　　　　　　　　　　　　（發表於 1988 年 12 月 11 日）

在面對人生挑戰時

（八九至九〇年）

最偉大的醫生

祂是我們全家的家庭醫生，照顧得無微不
至，不但免費還「包醫」呢！

　　有時候看人家偶爾生個小病，躺在床上被人侍候着，還蠻
羨慕呢！先生離開世間以後，兩個孩子又小，我連生病都不
敢。

　　最近孩子大了些，我似乎又有資格生病了。尤其這個冬天
天氣特別冷，感冒的人很多，我已斷斷續續咳了好幾個星期。
很想躺在床上休息休息，却因有職在身，不能如願。

　　在我的工作同仁中有一位老兄，非常自私，大家都對他沒
什麼好感。有一天他竟然問我有沒有看醫生，我受寵若驚地感
謝他的關心，不料他很不高興地說，他不是在關心我，而是怕
被我傳染了！

　　我們都很注重身體的健康，其實靈魂的健全更重要。靈魂
和肉體一樣，從一「出生」就免不了會被疾病侵襲。而罪可以
說是人類靈魂最大的瘟疫，這疾病從亞當開始就傳染給每一個
人類。那麼到底什麼是罪？是否像殺人、放火、偷盜等衆人所
公認的壞行爲才算？其實照聖經的標準，驕傲、嫉妒、貪婪等
從心裏發出來的惡念，都是罪啊！

　　現在科技發達，各科名醫都有，很多疾病都能藥到病除，
或用外科手術拿掉，當然仍然有不少病是醫學上無法克服的。
而靈魂的疾病——「罪」，上帝却已賜給人類一位偉大的醫生

——耶穌基督。祂的寶血能醫治各樣的病症。「約翰看見耶穌來到他那裏，就說，看哪！上帝的羔羊，除去世人罪孽的。」（約一 29）

當耶穌道成肉身來到人間時，祂一面傳道也一面行醫，那時痲瘋病無藥可治，必須與人羣隔離。但耶穌却伸出祂的手摸他們，使他們潔淨了。對於犯罪的人祂也是充滿憐憫。有一次文士和法利賽人帶着一個行淫時被拿的婦人來要耶穌定罪，耶穌却對她說：「我也不定妳的罪，只是不要再犯罪了。」

我們每一個人都希望能健健康康地過一生。上帝更希望我們能免除罪的折磨。因為罪的工價乃是死。祂的心願是希望萬人得救，不願有一人沉淪，這正是耶穌來到地上為我們死在十字架上的目的。

感冒雖然不是什麼大病，人家還是非常討厭，不願與我們太接近。同樣的，撒點小謊、講講人家的壞話，好像不是什麼大罪，上帝也不會喜悅。聖潔的上帝也不能容忍這樣的罪在祂面前存在。這也就是為什麼每一個人都需要耶穌的寶血來潔淨了。

我那個同事以為我沒有自己的家庭醫生，好意要介紹他的給我。其實，他怎麼知道我有一位享譽全球的名醫。祂是我們全家的家庭醫生，照顧得無微不至，不但免費還「包醫」呢！保證我們將「活」到永永遠遠。

（發表於 1989 年 2 月 26 日）

一張通知單

> 不要太顧忌必須戴上老花眼鏡，那只是上
> 帝給你的一張通知單。

　　兒子在上小學三年級時，從學校帶回一張通知單，要我帶
他去檢查視力配眼鏡，因他們發現他有近視眼。我心裏非常難
過，要在那小小的臉蛋上戴上一副近視眼鏡，不知會有多難看
又不舒服，但學校的通知單又不能等閒視之，檢查的結果，校
方的判斷正確，再心疼也沒用。

　　三年後，女兒也跟進了。他們都是書蟲，又喜歡看電視。
不能怪我把他們的眼睛成生那個樣子，因爲先夫和我的視力一
直都很正常。

　　四年前從賓州搬來加州後，我就很在意要找一個驗光醫
師，因爲他們必須半年檢查一次。安頓後不久，我就在附近找
一個驗光醫師幫他們檢查視力，看他們被折騰了一番後，我也
興起要檢查看看的念頭，因爲最近晚上看書時，總覺得燈光不
夠亮。

　　驗光醫師沒花多少時間，就斷定我早就須配一副老花眼鏡
了。我差點從椅子上跳起來，開玩笑吧！我才邁進四十大關不
久，體態仍然嬌小玲瓏，左看右看，誰也不敢說我已經老了，
而此人，竟然說我早就須要配一副老花眼鏡了，想賺我的錢不
成？可是看他老兄一副信不信由妳狀，我只好乖乖的也配了一
副。

　　起先我只有晚上看書時才戴，慢慢地白天也需要它了，自己也是一條書蟲，沒辦法！同事中一些長輩，看我戴上老花眼鏡，還大驚小怪一番呢！記得有位男同事，年紀與我相仿，有一次看他很困難地辨別寫在切片上的數目字，我建議他去配一副眼鏡，竟然惹他生了好大的氣。原來怕老是人的天性，男女平等。

　　人怕老，難道就不會老嗎？從創世以來，除了約書亞曾要求上帝讓日月停止一天不動外，大概還沒有人有本事叫時間不走吧！既然時間照走不誤，人就照常地長大衰老，那是天經地義的事，但很多人一提到年齡好像是什麼見不得人的事。

　　《人是什麼？》這本書裡這樣說：「人的一生何其短暫，我們用數年的時間花在嬰兒期、睡覺、吃飯、生病、軟弱上，剩下用來作正經工作的時間就很少了。難怪聖經比喻人生好像一聲嘆息，一朵終必凋謝的花、好像枯乾的草、偏斜的日影、消失無踪的煙、出現少時即散去的雲霧……等。」

　　有人描寫過去的歲月是：孺子可教的少年期，然後就是浪漫多情的二十歲，奔波忙碌的三十歲，激烈的四、五十歲，嚴肅的六十歲，神聖的七十歲，全身酸痛的八十歲，呼吸開始急促，死亡、埋葬、面對神。

　　面對神可以說是人生的終點，也是另一段生命的起頭。不管你認識祂與否？願意不願意？其實神是無所不在的，我們現在看不到祂，因為罪使我們與祂隔離。這個屬於罪身的肉眼，年少時，常常患了近視，看到的不是自己的長處，就是別人的短處。年齡漸長、視線改變，反而看得比較開、比較遠。難怪摩西活到一百二十歲，能清清楚楚地從毘斯迦山頂看到遙遠的

迦南地。我們基督徒也應該像摩西一樣，把眼光放在上帝應許之地——迦南。

耶穌說：「叫人活着的乃是靈，肉體是無益的。」（約六63）的確！我們如果只定睛在肉體上，一定會失望，因爲肉體會衰老、會敗壞。所以不要太顧忌必須戴上老花眼鏡，那只是上帝給你的一張通知單：「日子近了，應該悔改。要趁着白日多作主工，因爲黑夜將到，就沒有人能作工了。」

其實，戴上老花眼鏡，不只很多東西會看得比較清楚，觀念也會改變呢！以前我看到一個人生來是瞎眼的，就想一定是他前生造了什麼孽？或者他的父母犯了罪。現在我才知道，不是那個人造了孽、或他的父母犯了罪，而是上帝給我伸出援手扶他一把、表示愛心的機會。也就是耶穌對門徒說的：「要在那個人身上顯出上帝的作爲來。」（約九3）

（發表於 1989 年 4 月 2 日）

愛人如己

「愛人如己」，的確是一門困難的功課。

當我在基督教書店發現有種圖片，用天眞無邪的小孩子作主題，並且配上一段恰到好處的金句時，眞是如獲至寶，於是買了不少張，有的送人，有的就到處張貼起來。

在我工作處的角落，每隔一陣子就換上一張，的確也吸引不少人來觀賞。今年情人節快到，我掛上的是一對金童玉女，靜靜地依偎在一起，上面寫着「彼此相愛」。這一對小天使說有多可愛就有多可愛，常常叫我看得發呆或發出會心的微笑。我在想，在天堂裡的人一定都如此天眞可愛、純潔無瑕。耶穌說，我們若不變成小孩子的樣式，斷不能進天國。

「愛人如己」是耶穌留給每一個基督徒的命令。所以當我開始要在 County Hospital 上班時，我就決定要以基督的愛心去愛每一個人。那個地方可以說是個大雜燴，什麼人種都有。就拿我工作的單位來說吧！主任是白人，supervisor 是黑人，打掃的是墨裔，我們八個技術人員就包括有意大利人、南美人、印度人、菲律賓人及華人等等。

話說那位墨西哥老兄，六十開外，只能講幾句簡單的英語會話。起先我以爲他是個啞吧呢！因爲沒有人理他，我看他打掃還蠻勤快的，常常向他豎起大姆指讚美他，他就高興得不得了，還會說 Thank You。既然不是啞巴，我就時常逗他開心。有一天，他忽然非常嚴肅地來找我，比手劃脚講了一大堆

我聽不懂的話，我只能點頭又搖頭，看他一回兒高興、一回兒又垂頭喪氣，不知在搞什麼鬼？後來他乾脆去找一個通西語與英語的墨裔打掃同伴來，這才眞相大白。原來他想知道我是不是很喜歡他，願不願意跟他結婚，因爲他仍然是王老五一個。

我雖然啼笑皆非，却不敢傷他的心，好在我的皮夾子裡仍然存放着先夫的照片，我就拿給他看，表示我是名花有主的人了。經過這個教訓以後，我向人表示愛心就含蓄多了，但仍然惹來不少的麻煩和誤會。對上司好，人家說我是在拍馬屁，太關心別人又被認爲是在自作多情，眞是個邪惡的世代，難怪有人敢把耶穌的形象也醜化了。

聽說那部「基督的最後誘惑」就是將耶穌與用香膏抹耶穌的馬利亞醜化的一部電影。馬利亞將她準備用在新婚之夜的香膏，整瓶地倒在耶穌的身上，又用頭髮去擦耶穌的脚，我相信她是非常愛耶穌的，但她的愛是無條件的愛。世界上沒有一個傻瓜會把自己的嫁粧倒在一個將死的男人身上。當初我如果知道我先生只能與我結婚十年，就會撒手西歸，我大概沒有足夠的愛心嫁給他吧！

上帝對世人的愛是無條件的，祂將祂的獨生子白白地賜給我們，耶穌對我們的愛也是無條件的，因爲祂把自己的生命都捨了。但我們人類所付出的愛往往都是有條件的，都抱着求回報的心理，結果收回來的不是失望、氣餒，就是覺得不被尊重、被遺棄，最後惱羞成怒，決定不再付出愛心了。

「愛人如己」，的確是一門困難的功課。保羅說：愛是恒久忍耐，又有恩慈，不能嫉妒別人比自己好，自己比別人強時也不要自誇，怕人知道的事不要作，不要只求自己的益處，對

付出的愛沒有得到回報也不要生氣，不要專門記別人的壞處，不要貪戀不公義的事，倒是要爲眞理挺身而出，而且要凡事包容別人的過失，相信萬事都互相效力，存着盼望的心，忍耐到底，愛是永不止息的，因爲上帝本身就是愛。

如果我們能先盡心、盡性、盡力、盡意愛主我們的上帝，像馬利亞一樣，把整瓶香膏都倒出來而不爲自己留下一點點，那麼，愛別人如同愛自己，可能就不會覺得太困難了。

（發表於 1989 年 5 月 21 日）

誰站得穩？

在我們的身邊一定有不少西門，是主特別
為我們安排的。

　　帶領我們這個細胞小組的長老和牧師計劃在一個禮拜之
內，探訪每一個組員，所以許和瑞長老打電話來要與我約時
間。我很客氣地婉拒他，因為每兩個星期一次的細胞小組查經
都在我家客廳聚會，有什麼好探訪的。其實我心裏是在想，像
我這麼熱心愛主的人，不需要再浪費他們的時間被探訪了。但
許長老堅持要盡義務，我只好勉強接受下來，時間定在某星期
三的晚上七時半。電話一掛斷我就把這件事忘得一乾二淨了。
　　很多作父母的往往為了鼓勵他們的孩子養成看書的習慣而
費盡心力，但我的兩個孩子從小就很喜歡看書，尤其女兒年齡
漸長，書看得越厲害，幾乎到了廢寢忘食的地步，有時我還必
須拜託她把書放下來。
　　她的文科的確因喜歡閱讀而成績不錯，但她的理科就不太
理想。有一天她的數學老師很痛心地打電話到我工作的地方，
表示他對女兒在數學上的表現非常失望，所以要把她降到普通
班。我因自己也沒什麼數學頭腦，不敢對孩子期望過高。所以
就很有修養地接受老師的建議。
　　女兒的數學並沒因而改善、反而更糟，我不敢再等閒視
之，趕快與老師約定會面以便補救。老師與我約定在星期三的
中午，女兒也將在場，這樣大家可以好好溝通。原來女兒因太

迷於小說而忽略了應作的功課。最後我們作了協定，每天我要督促女兒作完功課才能讓她看書。

　　那天晚飯後不久，我就叫女兒下來客廳，她一臉不高興的把功課拿出來，我看她眞的好多天的功課都沒作，心裏一急就開口訓起她來了：「妳這樣不把功課當一回事，將來上了高中，說不定只有妳又要回到初中補修，不是很丟臉嗎？……」

　　女兒碰的一聲把課本合起來：「媽！妳這樣不是在幫助我，而是在侮辱我。」然後頭也不回的就往她的房間跑去。

　　我一時楞在那兒，又生氣又傷心，其實可以說是非常害怕，因爲我不知如何來處理這樣的衝突。是要去向女兒道歉賠不是呢？還是應該嚴厲地處罰她？

　　「如果她的父親還在，事情就不會弄得這麼糟了。」我又陷入自憐裡了。

　　「看妳連作個母親都不會，還想事奉上帝，一個不知如何管教兒女的人是沒資格爲主作見證的。」魔鬼也趁虛而入。

　　「可不是嗎？上帝好像……」

　　正想埋怨上帝一番，「叮咚！……」有人就會選這種好時光來訪！

　　非常不情願地去開了門，站在外面的是許長老和羅牧師。我把他們要來探訪的事忘得一乾二淨了，但他們沒有忘記。是主差派他們來的，祂早就知道這個時刻我很需要有人在靈性上扶我一把。我像一個受了委屈的孩子在他們面前哭訴。羅牧師即時用撒母耳的故事再次提醒我，撒母耳的母親將孩子帶到上帝的面前，交在上帝的手中，由上帝來敎養。

　　保羅在哥林多前書十章12節說：「所以自己以爲站得穩

的，須要謹愼免得跌倒。」

　　耶穌在世時留下很多好的榜樣，我特別喜歡當耶穌背十字架走各各他的山路時，祂允許西門幫祂背十字架，雖然祂是神的兒子，却沒隱瞞祂作人的軟弱。在我們的身邊一定有不少西門，是主特別爲我們安排的。他們都會樂意隨時扶我們一把免得跌倒，就是不幸跌倒了，也能因他們的幫忙而再站起來。

　　感謝主，哈利路亞！

　　把長老和牧師送出門後，我就信心十足地向女兒房間走去……。

　　　　　　　　　　（發表於 1989 年 7 月 2 日）

這才叫作信耶穌

我從小自以為是基督徒，直到有一天……

　　小時候，禮拜天上教堂對我來說是很高興的事，因為可以聽聽聖經故事、唱唱歌，又能得到一張美國人用過的聖誕卡片，我最喜歡上面有亮晶晶像糖粒一般的東西（現在才知道那是用來表示下雪的景色）。主日學老師常常用卡片來鼓勵我們背經句和唱歌，每次我都把手舉得很高，相信那時我愛卡片勝過愛馬槽裡的耶穌。

　　我們的教會不大，大人小孩加起來大概不超過三十人，所以當我才上初中時，已升為聖歌隊隊員又當起主日學的老師來了。我除了講聖經故事外又講白雪公主和灰姑娘給小朋友們聽，他們高興得不得了，老師長、老師短地叫個不停。我自己也以為是很有恩賜的主日學老師呢！

　　第一次離開家，是到彰化基督教醫院附設的護校就讀。三年的護校生涯中，除了學習一個護士應有的知識和技能外，聖經也是必修之課。畢業後在校長的催促下受洗，可惜那時好像沒什麼特殊的感覺，大概牧師滴在我頭上的水不夠多吧？不像現在劉富理牧師為人施洗禮，都是抓了一大把從頭上「澆灌」下去，不感動至少也會打個冷顫吧？

　　幾年護士作下來，忽然發現自己已不再是「十八姑娘一朵花」了，本來偶爾還仰望主的眼睛，開始專心仰望一批又一批的年輕實習醫生。上天不負有心人，最後真的捉到一條大魚，

也管不了什麼「信與不信的人不能同負一軛」，就興高采烈地結婚，並且一同游到美國來了。

在美國上教堂好像不是我們東方人的事，一來聽不懂、二來沒有空，那時大部份的時間都在爲下一年要在那家醫院實習而煩惱着。至多，找一些「同是天涯淪落人」，一起訴訴鄉愁、講講美國人的壞話，然後同心合意地大作「留得青山在、不怕沒柴燒」的黃金夢。

人生眞的如夢一場。一覺醒來，有人一頭栽在黃金裡；有人已直奔黃泉。而我呢？却獨自一人走在茫茫的海上幾乎要沉下去。

「主啊！救我。」我不好意思地呼喊着。

「小信的人哪！」耶穌馬上伸出祂的手，祂並沒離開我，雖然我已把祂拋到九霄雲外去了。

有一天，我陪一對老夫婦在看復活節的電視節目，剛好在放映耶穌的一生。我看到耶穌被捕、被審判、被鞭打，然後背十字架走到各各他的山上，被釘，頭上戴着荊棘的冠冕，血一滴一滴從頭上、手上、脚上的傷口流出來……我忍不住地放聲大哭，耶穌是爲了我這個罪人才要忍受這樣的凌辱和痛苦的。第一次，我求耶穌赦免我的罪、邀請祂進入我的心中。

以前我以爲上主日學、敎主日學、參加敎會種種活動、受洗、領聖餐就是一個基督徒。不是的，一個眞正的基督徒是承認自己的罪、求耶穌赦免，然後請祂進入心中管理一切的人。

耶穌進到我心中後，我的生命開始改變了。我開始愛慕神的話。以前看聖經除了創世記那些故事外很難看得下去，現在不論舊約的申命記或新約的羅馬書都看得津津有味，而且百看

不厭。以前禱告結結巴巴的，而且只有爲自己求這個、求那個，但現在不只能爲別人禱告、也喜歡感謝讚美神，有時眞是迫切地想與祂交通，想與祂更親近。我更喜歡爲主作見證，這是大家有目共睹的，但我不只寫在台福通訊上，凡碰上我的人，很少不曾從我口中聽到耶穌的名字。其他如保守自己、對罪敏感、有信心、愛主……等，聖靈正一點一滴地敎導我、幫助我。

　　以上這些都是耶穌生命的彰顯，不是我有什麼偉大的修養功夫，其實這也是耶穌對信祂的人的應許呀！請看哥林多後書五章17節是怎麼說的：「若有人在基督裡，他就是新造的人，舊事已過，都變成新的了。」哈利路亞！阿們！

　　耶穌說：「我來了是要叫羊得生命，並且得的更豐盛。」（約十10）

（發表於 1989 年 8 月 27 日）

喜悅的跳動

> 但願我們每一個主內的人都能渴慕被聖靈
> 充滿。

　　當我答應在台福洛杉磯教會的姊妹團契講關於聖靈充滿這個題目時，我根本還不太清楚應該講什麼？一來自己沒有經驗，二來這種事見仁見智。有經驗的人說得有聲有色，像一隻吃到金絲雀的貓喜在心頭。沒經驗的人卻存著懷疑的態度，「搞不好只是一些人在自我充滿而已呢！」

　　很久以前我就渴慕被聖靈充滿，所以看了很多有關這方面的書，什麼《聖靈充滿眞義》、《從神學觀點看被聖靈充滿》、《聖靈全備的祝福》……等等，作者都是一些有頭有臉的神學家。但我不但沒有得到幫助，反而被他們搞糊塗了，因爲同樣的經節，卻有完全相反的解釋。

　　這次爲了在姊妹團契的演講，我又把那些書通通搬出來，一方面爲了寫大綱的需要，一方面也爲了再次的肯定。我在上帝的面前禱告，如果是祂的旨意要我講這個題目，請祂親自教導我、光照我。

　　過去我曾打電話給一位姊妹，透露我渴慕被聖靈充滿的心願。這位姊妹看來是一位被聖靈充滿的人，因爲她不只禱告起來常會搖還會說方言，可是當她非常熱心又積極想幫助我時，我反而被嚇壞了，不但沒接受她的好意，反而更故意疏遠她，因爲我怕被她捉到不知會發生什麼可怕的事。

　　這次為了需要，我又硬著頭皮找到她了。奇怪得很，當我對她再次說出心中的渴慕時，竟然哭了，好像一個迷失了的孩子找不到父母一樣的傷心。這位姊妹的熱心沒有改變，她馬上過來要幫助我，首先她列出一些尋求聖靈充滿必備的條件，如要有信心、潔淨自己，也就是認清一切的罪，完全順服，然後大聲讚美主。

　　說來容易作起來可不簡單，信心和順服應該沒問題。問題出在認罪和大聲讚美主。到底我還有什麼罪？不是每天都在求主潔淨嗎？至於讚美主，為什麼要大聲呢？被人聽到多不好意思。結果我搞了半天一點動靜也沒有，只有像一隻洩了氣的皮球癟在地上。

　　不過上帝是非常奇妙的，那天晚上聖靈馬上利用兩個電話讓我看出兩個隱藏的罪。第一，我曾作了假見證，因為我幫助一個不是住在 South Pasadena 的孩子就讀這一區的學校。第二，我對一位年長的姊妹沒有真正的愛心，只是表面應付而已。上帝的工作是漸進的，隔兩天祂又光照了我，原來我曾利用我的文章攻擊一位同事。因為我把那篇文章翻譯成英文送給上司看。

　　我被上帝的光照到哭倒在地上，懺悔的淚水像傾盆大雨流個不停。最後上帝不得不伸出憐憫的手，祂把耶穌背十字架走各各他山路並且被釘在十字架上的那一幕，又明顯地擺在我的面前，祂說：「耶穌都已承擔這些罪了，不要再哭，應該開口讚美」。

　　「感謝主，讚美主，感謝耶穌，讚美耶穌，哈利路亞……」等讚美的話語像機關槍似的從我口中流露出來，我一直跪在地

上，地球好像不再運轉。忽然我的身體開始上下振動起來，是一種罪被赦免的喜悅在跳動著，如果不是第二天必須上班，我眞想一直跳下去。因爲上帝正用喜樂的靈大大的澆灌我。

什麼叫作被聖靈充滿？全身振動嗎？講方言嗎？這些可能只是一些現象，最重要的是保羅在提多書第三章所講的一些話：「我們從前也是無知、悖逆、受迷惑、服事各樣私慾和宴樂、常存惡毒嫉妒的心、是可恨的、又是彼此相恨，但到了神我們救主的恩慈和祂向人所施的慈愛顯明的時候，他便救了我們，並不是因我們自己所行的義，乃是照祂的憐憫，藉著重生的洗，和聖靈的更新，聖靈就是上帝藉著耶穌基督我們救主，厚厚澆灌在我們身上的，好叫我們因祂的恩得稱爲義，可以憑著永生的盼望成爲後嗣。」

但願我們每一個主內的人都能渴慕被聖靈充滿，因爲那是得到智慧和能力最好的途徑。至於聖靈充滿的一些外在現象，有的人要以愛心和謙卑而行，沒有的人要以愛心接受有的人。因爲聖靈來是要叫我們合一彼此建立。

（發表於 1989 年 11 月 2 日）

眼中的梁木

找到新工作，我立志好好表現一番，好報
答主恩，不料事與願違！

不知有多少人知道我們基督徒是上帝眼中的寶貝，因為我
們是用耶穌的寶血贖出來的。

既然我們是上帝的寶貝，祂就不會任意地對待我們，一方
面祂會小心翼翼的照料着，但一方面又會嚴厲的管教和訓練，
為了是使我們能成聖，像耶穌一樣。

以前我以為上帝把我調到 County Hospital 上班只是要給
我一個收入更穩定豐厚的工作，現在我才知道祂是要用那像聯
合國的地方來訓練我。

兩年前本來我在一位醫生朋友的檢驗室作得好好的，忽然
老板想把它關掉，逼得我不得不另找「頭路」，否則他那麼恩
待我，在我最需要時提供我工作機會，我感激都來不及，一定
不會為了求高薪而跳槽的。

話說當我好不容易找到 County 的工作時，老板却又改變
主意要繼續開下去，但他並沒要求我再為他工作，反而因我能
找到更好的工作而替我高興，他實在是一個真正關心我的朋
友。

因此，我相信是上帝賜給我這個工作的，為了報答祂的好
意，我就下定決心要好好地表現一番，好為祂發光。可惜我發
的光太強了，不但把一些同事眼中的刺看得一清二楚，還在心

裏大發論斷。同樣的，因為我的大發光明，人家不但看得不順眼還刺眼，不久就成為被攻擊的對象，什麼馬屁精、愛出風頭……等等不斷的飛擲過來，上班不到一年已經搞得灰頭土臉。

「主啊！為什麼我為祢大發熱心反而落得這樣的下場呢？」

每次受了委屈我就哭訴上帝，你知道上帝怎麼回答？「不要論斷人，免得被論斷。妳怎樣論斷人，也必怎樣被論斷。為什麼只看見妳姊妹眼中的刺，却不想自己眼中有梁木呢？」

「我眼中有梁木？怎麼可能，不是到處都聽到讚美的聲音嗎？」我有點不相信。

「自以為義，靈裏的驕傲，都是梁木。」上帝好像要好好地訓我一頓了。「就像法利賽人一樣，只因自己嚴守律法就輕看那些行為不正的人，殊不知如果沒有聖靈的同在，妳可能比她們更自私自利、愛管閒事、小心眼呢！」

「那我不敢再為祢發光了。」

結果上帝給了我兩個功課，我若能夠作到，再來為祂發光也不遲。第一，拔掉自己眼中的梁木。第二，用愛心去愛那些討厭我的人。實在是不簡單，屢次我都敗下陣來。本來我都在禱告中控告她們的不是，後來請求上帝改變她們，但都不管用，最後我開始學習讚美，並且為她們感謝上帝，因為她們像一面鏡子反映出我自己的不是。

奇妙得很，我越感謝讚美主，攻擊的聲浪就漸漸地消失了，偶爾再聽她們帶刺的話也不再那麼介意。大概上帝已幫我拿掉眼中的梁木吧！因為再看那些同事已不再那麼討厭，反而覺得她們非常可憐，真希望她們也能接受耶穌作她們的救主。

　　有時我們基督徒很會在外面裝作若無其事，其實內心和世人一樣充滿一切的惡毒、詭詐，假善和嫉妒。上帝是看內心的，祂不會滿足於我們外在的表現。所以祂才會用種種的方法來提醒我們並且訓練我們。

　　為什麼上帝必須這樣用心良苦地訓練屬於祂的子民呢？「惟有你們是被揀選的族類，是有君尊的祭司，是聖潔的國度，是屬神的子民，要叫你們宣揚那召你們出黑暗入奇妙光明者的美德。」（彼前二9）

　　這兩年來上帝藉着一些同事攻擊我、取笑我，一方面讓我省察自己的虛偽，一方面強迫我用愛心去對待她們。主要是「在百般的試煉中暫時憂愁。叫你們的信心既被試驗，就比那被火試驗仍能壞的金子，更顯寶貴，可以在耶穌基督顯現的時候，得着稱讚、榮耀、尊貴。」（彼前一6～7）

　　感謝讚美主，被祂試煉的人有福了。

（發表於 1989 年 12 月 3 日 ）

屬天的盼望

> 死亡，是人生的眞相；如何面對死亡，乃
> 是人生最大的課題！

大家都知道，肉身的生命是有限的，不但有一天會過去，最叫人無可奈何的是會有衰老病痛。

有一陣子，我常在我上班的醫院探望一位肺癌末期的女病人，我不認識她，只因近水樓台，牧師將她交託給我，因爲她在尋找救主。

我負起將福音傳給她的任務，踏入她的病房。一個人病成那個樣子，很難再判斷她的年齡，但從她那雙秀麗白嫩的手，我可以想像她曾經是一個美麗的女人。

帶領她信主是一件非常容易的事，因爲這個五光十色的世界已不再是她可以擁有的了，而信耶穌卻可以得到心靈的平安和永生的盼望，這是她尋求上帝的主要原因。

差不多有半年的時間，她進進出出這個醫院，每次她住院的時候，我一定利用午餐的時間去探望她、爲她禱告。她的病情一天一天惡化下去，我知道她對死亡的恐懼也在加深。

最後一次住院期間，聖靈催逼我把復活的福音對她解講清楚。那天，我看到她流露出屬天的盼望和喜樂，不久，主就接她回天家了。

死亡，隨時都會臨到每一個人，無論老少，我們基督徒應該隨時預備好，存著盼望和喜樂的心等待著，當它眞的來臨

時，才不會徬徨無助，像那些沒有指望的人。保羅說他情願離世與基督同在，因為那是好得無比的。但他也知道活在肉身的重要，就是為基督而活。

上帝所創造的地球，只有活在肉身的人才能享受到。所以我們應該好好地珍惜活在肉身的生命，好好地活在上帝為我們創造的世界，與這個世界的人、事、物，建立美好、正確的關係，過榮神益人的生活。

始祖的失敗把人類帶進死亡的咒詛裡。好在「神愛世人，甚至將祂的獨生子賜給他們，叫一切信祂的，不至滅亡，反得永生。」（約三 16）「十字架的道理，在那滅亡的人為愚拙，但在我們得救的人卻為神的大能。」（林前一 18）

因為「基督已經從死裡復活，成為睡了之人初熟的果子，死既是因一人而來，死人復活也是因一人而來。在亞當裡眾人都死了，照樣，在基督裡眾人也都要復活。」（林前十五 20 ～22）

復活的福音，雖然是一件奧秘的事，卻是我們信主的人的盼望。盼望有一天我們將得到一個不再衰老、不再病痛、不再死亡的身體。

（發表於 1990 年 1 月 7 日）

一條毛巾

> 我居然當了執事！而上帝要我預備的，竟
> 然是一條毛巾！

　　記得第一次被提名為執事候選人時，我幾乎笑出來，開玩笑吧！怎麼會想到我？看看我這副德性，又瘦又小，那裡是當執事的材料，所以很客氣地拒絕了。

　　一年以後再被提名。怎麼搞的？以為我去年只是虛情假意地婉拒一番嗎？當了執事，又要開會、又要負責教會的事工。我一個寡婦，又要上班又要照顧孩子，怎麼還會有多出來的時間和精力？所以仍然敬謝不敏。

　　當今年又再接到通知時，我差點把它丟到垃圾筒裡去，但想到劉富理牧師前兩次對我說的一句話：「先禱告再作決定吧！」坦白說，我連禱告都不敢，因為上帝的意念往往高過我們意念，我才不要自討苦吃呢！

　　可是這已經是第三次了。如果真是出於上帝的呼召，而我卻一而再再而三地拒絕，說不定有一天祂會丟棄我不再使用我了，所以我決定先禱告看看再說。

　　那是在一個禁食禱告的閉會禮拜時，牧師作最後的呼召，很多人都走到前面去，我看到一位姊妹跪在地上哭泣，就出去為她禱告，禱告完後，我在心裡對主說：如果真的是出於祂的旨意，要我出來當執事，請感動一個人來為我禱告。我的話剛吞下去，一隻手已經搭在我的肩上：「妳有什麼需要禱告的

嗎？」

「主啊！祢的意念眞的高過我的意念，我服了！」

爲了不辜負上帝對我的呼召，我開始認眞研讀有關執事的經文：「作執事的，必須端莊、不一口兩舌、不好喝酒、不貪不義之財，要存清潔的良心，固守眞道的奧秘。女執事也是如此，必須……」

「必須準備一條毛巾。」上帝打斷了我。

「一條毛巾？」我以爲我聽錯了。

「是的！一條能束在腰上的毛巾，以前妳只用美麗的歌喉和生花的妙筆事奉我，那是站在明處又討人稱讚的事奉。從今以後，妳要學習在暗處事奉我了。不但不一定有人會稱讚妳，可能又是吃力不討好的工作。所以我要妳學習我留下的榜樣，爲別人洗腳，那條毛巾是用來擦乾對方的腳的。」

看來我眞是自討苦吃了，早知道就把那張通知單「暗暗處理」掉才對。

後悔已來不及，上帝不是說要準備一條毛巾嗎？還是趕快去買一條特大號的才是正事，那樣一邊在擦對方的腳時，一邊還可以用來擦自己的臉，因爲那上面一定又是汗水又是淚水的。

（發表於 1990 年 1 月 28 日）

寫給心靈創傷的母親

> 每個人在上帝的眼中都是完整的，因為他
> 們都是照著祂的形像造的。

　　朋友介紹一個貌美動人的女士來到我的面前，一開口，她的眼淚就潸潸而下。又是一個心靈受傷的母親！那淚水對我來說實在太熟悉了。

　　十九年前，我與先夫結婚才三個月，他就隻身來美深造，我在台灣痴痴的等了一年，才獲准出來與他相聚，所以我們都渴望能趕快有個孩子。很幸運，第二個月我就開始有早晨噁心的現象。雖然如此，每天我仍然陪先生吃了早餐再送他出門，但他的脚才一踏出去，我就把陪他吃下去的通通吐了出來。

　　這樣過了兩個月，本來就沒肉的臉只剩下兩個眼睛，忙得頭昏腦脹的先生這才驚醒過來，趕快把我帶到他實習的醫院去看婦產科醫生。我永遠也無法忘記醫生看到我之時，那種驚訝的表情。他馬上開了一大堆維他命丸給我，不久噁心期過去，又加上補品，我的臉和肚子才長起肉來，因此我們也開始到處去購買嬰兒用品，忙得不亦樂乎。

　　小傢伙一天也不肯多待在肚子裡，時候一到，就拳打脚踢地要出來。我也使盡吃奶之力想把他送出去。但搞了半天，母子都快沒命了，醫生不得不決定剖腹，因為事先沒準備要開刀，醫生怕我胃裡還有東西，只能作半身麻醉。大概美國人不太了解我們東方人的體質吧，說是半身，卻把我麻到只剩下一

個頭能動，我就這樣眼睜睜地等著他出來。

「哇！哇！」我聽到孩子哭得很大聲，心想一定是個男孩子，但奇怪，怎麼沒有人向我宣布好消息呢？

也難怪，當護士把他抱到我的面前時，我也被他嚇了一跳。

「他的嘴巴怎麼那麼大！」我脫口叫了出來。

「不要擔心，可以修補的。」他們幾乎是異口同聲地在回答我。

當我從手術房被推出來時，慚愧得不敢看我的先生，因為沒有給他生一個完整的兒子，我不僅沒有初為人母的興奮，反而天天與他無言相對，不知如何去捱過未來的歲月。

過了幾天，護士把他抱到我的身邊，因為我曾決定餵他母奶。看到兒子嘴巴張得大大的卻無力吸吮，我的眼淚像雨點似地從臉上流到胸前。可憐的孩子，第一口吃到的不是母親香甜的奶，而是她鹹鹹的淚水！

一對好朋友夫婦早我們一年生了一個好可愛的男孩子，因為我們已在家裡躲了好幾個月，就邀請我們抱孩子去公園走走。整型外科醫生決定等孩子五個月大時，才作第一期的縫合手術。當我們一行四人才踏入公園，兩個年長的美國女人剛好迎面走來，她們很高興能看到東方人的嬰孩。當她們一面逗弄一面讚美朋友的兒子時，我下意識地想躲開，但已來不及了，她們已高高地站在我的面前，嘴巴張得比我兒子還大！坦白說，我恨不得有個地洞能讓我鑽進去呢！

這個羞恥感一直跟隨著我，當我從賓州來加州時，不只帶著喪夫的傷痛，內心還隱藏著這個恥辱。雖然兒子得到最高明

的手術，不只外表看不太出來、聲音也沒走樣，但我仍忘不了他是一個有缺陷的孩子，我尤其痛恨老天不公平，爲什麼兒子的臉上已經有一個疤痕了，內心還要因失去父親而被割了一刀！我更恨先生把這樣的孩子留給我一個人扶養，自己「一走了之」。

的確，我心裡一直有一個「恨」的炸彈隨時都會爆炸開來。感謝主，祂知道我的創傷很深，需要好好的治療，所以把我帶到加州來，加入有愛心的台福教會。記得第一次參加主日崇拜時，那些感人的短歌讓我泣不成聲，以後幾乎有一年的時間，我的眼眶在禮拜時很少是乾的。上帝很奇妙地藉著我自己的淚水在慢慢洗滌那些潰爛的傷口，然後再塗上祂愛的膏油。

多少年來，我只知道自己生了一個有缺陷的兒子，卻不知道自己的心理也有缺陷，是啊！我們常常只看到別人的外表不健全，卻不省察自己的內心是否完整。一個人也許在肉體上、也許在智能上有欠缺，但在上帝的眼中都是完整的，因爲他們也是照著祂的形像造的。

我不知如何安慰有智能缺陷孩子的母親們，因爲她們不只在別人的面前抬不起頭來，還要擔心她們的孩子將來如何在這現實的社會生存。我只能對她們說，耶穌是信實的，祂說：「天上的飛鳥，也不種、也不收、也不積蓄在倉裡，你們的天父尚且養活牠，你們不比飛鳥貴重得多麼？」（太六 26）

耶穌不是也說：凡是承受上帝國的，若不像小孩子一樣，斷不能進去嗎？（路十八 17）那麼，智能障礙的孩子，少受人類罪性和污穢風氣的侵蝕，或許比一般人更接近天國吧！

我已經不太清楚與那位心靈受傷的母親談了什麼，我只記

得曾對她說過一句話：「上帝把這樣的孩子交在妳的手中，因為祂知道妳有足夠的愛心幫祂撫養這個孩子。」

　　淚水仍在她的眼中打轉，但我知道她受傷的心靈會慢慢地得醫治，和我當初一樣。但願她也能用上帝所賜的安慰去安慰那些心靈同樣受傷的母親們。

（發表於 1990 年 5 月 6 日）

一些小事

> 我們如果不能在小事上忠心，如何在大的
> 事上忠心呢？

　　一個禮拜五，下班的時候，雨下得很大。我心裡掛記著晚上在家裡舉行的細胞小組，所以加快腳步希望能趕上五點以前的巴士班次。小組是七點半開始，但我要先載一車子的孩子到教會去參加團契，然後再到超級市場買點水果當晚上的點心，客廳一定又被小孩子們搞得一團糟需要整理……這每兩星期一次的細胞小組查經雖然常使我忙得團團轉，但想到有幸為主而忙，也就忙得不亦樂乎了。

　　平常在醫院大門口的巴士站總有很多人在那裡等車。那天卻只有一個人撐著枴杖站在雨中，沒有雨傘。因為那不是我等車的地方，我就和別人一樣視若無睹地匆匆就從他身邊走過去。就在轉彎的時候，我又回頭看那人一眼，有點替他著急，不知他要在雨中等候多久，但我的腳步並沒停下來，仍繼續趕我的巴士。

　　一上了車，我發現那個站在雨中的影子似乎也跟著我上來了，並且在問我為什麼不能停下來陪他站一回兒。我知道這是聖靈的聲音。真的，有一天我們都要站在上帝的寶座前被分別出來，像分別綿羊、山羊一樣，但願那時我們聽到的不是：「我餓了，你們不給我吃。渴了，你們不給我喝。我作客旅，你們不留我住。我赤身裸露，你們不給我穿。我病了，我在監

裡，你們不來看顧我……」（太廿五 42～43）

　　過不了幾天，有一天早上，我才踏入醫院的大門，一個女人就迎面而來，向我要一些錢好吃早餐。這是耶穌給我另一次的機會，我不能再錯過。祂說：「有人逼你走一里路，你就同他走二里路。」（太五 41），我想這個教訓也可以用在有人要求你給他吃早餐連午餐也讓他吃吧！所以我一點也不猶豫地馬上給她足夠吃兩頓飯的錢。

　　雖然這些都只是一些小事，但我們如不能在小事上忠心，如何在大的事上忠心呢？在家裡舉行細胞小組查經當然很討上帝的喜悅，但讓一個在雨中等巴士的人共用我們的雨傘一定更合上帝的心意。因為耶穌說：「我實在告訴你們，這些事你們既作在我這弟兄中一個最小的身上，就是作在我身上了。」（太廿五40）

　　　　　　　　　　　　　　（發表於 1990 年 5 月 20 日）

骨肉之親

　　將來能否相聚，要看現今是否都是上帝的
兒女。

　　電話中傳來五姊的聲音，把我嚇了一跳，記得母親過世的
消息是她打電話來通知的，這次又是什麼呢？

　　感謝上帝，還好，五姊只是陪舅媽來美國住一陣子。舅媽
過去有一段非常輝煌的歲月，兒女也都很有成就，分住在日
本、美國各地。在加州的是她唯一的兒子，舅媽每年都來與他
們小住。眼看舅媽體力一年不如一年，最近幾年來都需要有人
陪伴。五姊在台一直是舅媽的左右手，現在五姊的兒女也長大
成人，舅媽當然最高興有她陪伴一起出來了。

　　我們一家八個姊妹，每次聚在一起，只差沒把屋頂給笑翻
了。我與先夫出國後，只能從信中與她們分享手足之情。現在
交通發達，加州台灣之間不要一天就到，但大家都有家庭，經
濟上也不允許時常飛來飛去。我來美國快二十年了，只回去三
次，至於我那些姊姊們從來就沒有一個出來美國開開眼界。

　　這次五姊託舅媽之福，終於來到美利堅合眾國。電話中知
道她人已在加州，我高興得不知如何是好，舅媽幾乎什麼都
有，世人最喜歡的東西──錢，她多得不得了，兒女又孝順。
年紀一大把了，還在美術界威名不衰，可以說是名利雙收，我
想她應該是世界上最快樂的人才對。可是卻常常聽說她鬱鬱寡
歡。

　　我們家從來沒有多餘的錢，因此小時候從她受惠很多。自從知道舅媽有憂鬱的毛病，我就想盡辦法要幫助她，我知道她雖然好像什麼都不缺，卻缺了最重要的東西——生命的主宰。

　　母親生前花很多時間想帶領舅媽信主，舅媽也親眼看到我母親一生淡泊，卻因為心中有主而充滿喜樂。好幾次，舅媽已打開心門請耶穌進去，卻一直沒有耶穌的生命在裡頭，大概耶穌進去看一看，找不到容納祂的地方吧！舅媽擁有的東西實在太多太多了。

　　能夠和五姊促膝長談實在痛快，家鄉的大大小小又活生生地展現在眼前，話題轉到我們最親愛的母親身上，適逢母親節，更想念帶領我們走信仰道路的母親。五姊嗚咽地訴說母親在世的最後旅程。雖然死蔭的幽谷是每一個人必走的道路，但親眼看母親在受苦是作兒女最痛心的事。想到我這個學習護理的卻不能在母親臨終時陪伴在側，以便幫助她減輕不必要的痛苦，真是又慚愧又心疼。我知道再多的眼淚也彌補不了對她的虧欠了。

　　母親在天之靈一定會原諒我的不孝，她一定更希望我能將她留給我最寶貴的信仰分享給別人，尤其我們自己的骨肉之親如舅媽……等。能夠在美國看到五姊已經讓我那麼高興，何況將來在天堂如能看到自己的親人和朋友，不知要高興多少倍！

　　想到在短暫的人生中，我們已那麼享受相聚的時刻，何況在永恆的天堂，我們豈不更快樂嗎？所以，我能不密切關心將來是否能與親人相聚嗎？將來能否相聚，要看現今是否都是上帝的兒女，而將來相聚時有多喜樂，要看今生是否有深刻的情誼。誰能給我們最深刻的情誼呢？不是我們的骨肉之親嗎？

（發表於1990年6月17日）

單親媽媽相扶持

> 我們馬上就看到比比皆是的空虛心靈需要
> 人去撫慰和帶領。

　　兒子快十七歲了，開始會問一些「大人的問題」。有一天他很好奇地問我，為什麼要結婚？為什麼選擇他的父親？我一時啞口無言。為什麼要結婚？因為男大當婚女大當嫁呀！為什麼看上他的父親？因為他是一個醫生呀！

　　兒子不以為然地看著我，他一定認為我當初很現實。

　　的確，我們活在現實的社會裡，往往也把婚姻建立在現實的條件上。我想到，起初上帝造人，認為亞當一人獨居不好，所以用他的肋骨再造一個夏娃，是他的骨中骨、肉中肉，最貼心的人。可是當上帝問亞當：「莫非你吃了我吩咐你不可吃的那樹上的果子嗎？」亞當回答說：「你所賜給我，與我同居的女人，她把那樹上的果子給我，我就吃了。」

　　罪破壞他們的親密關係，不能用愛心互相包容。上帝所設立的婚姻關係開始有了缺口，來到我們這個世代，缺口已大到無法修補的地步。因此一些明哲保身的人寧可守獨身。但一個人要守獨身並不容易，尤其我們東方人，做父母的往往把孩子的婚姻當成自己的責任，很多人就在父母的壓力下成婚，信與不信的也同負一軛，結果造成很多的冤家。

　　當我剛搬來加州不久，周淑慧牧師就建議我推動組織一個單親團契，因為她看到很多女人，也許生離、也許死別，不得

不單獨撫養孩子。但我的第一個反應是我才不要把自己定型呢！難道要我就此自認再也沒有機會開始我的「第二春」？不只我自己這麼想，周圍一些好心人也鼓勵有加，結果真的熱鬧了一陣子，但卻是雷聲大雨點小，不了了之，大概上帝不再讓我走婚姻的道路了。所以當喪夫不到兩年的美華姊邀請我和她一同成立單親團契時，我就認真地思考起來。

屈指一算，先夫已走了七年多，我自嘲地想：「七年之癢」已過去了，應該是站起來為別人做點事的時候了。

心一順服下來，上帝就給了我很奇妙的印證。因此，雖然只有四位同工，單親團契還是成立了，幾乎馬上，我們就看到比比皆是的空虛心靈需要人去撫慰和帶領。我們這幾個同工並非都是強人，我們只是一羣緊緊抓住上帝的人而已。

聖經提到的撒瑪利亞婦人，雖然已經有過五個丈夫，又和一個別人的丈夫同住，但她的心靈仍然空虛。的確一個人除非喝了耶穌所賜的活水，再結婚幾次也沒用。但一個心靈被耶穌的愛充滿的人，不必一定要靠結婚，也可以過豐豐富富的生活，這是我親身的體會，也是單親團契成立的目的。

單親團契是否要接納單親爸爸，曾經是我們一時的話題，但考慮可能引起的誤會和混亂，我們決定契友仍以單親媽媽為範圍。到底單親爸爸們再婚的比率很高，似乎不必為他們操太大的心。

才幾個月，我們這個團契已經從起初的五、六人增加到二十幾個人，其中離婚的比喪偶的還多。目前我們是利用每個月最後一個禮拜六舉行固定聚會。

每次聚會後一個禮拜，我們就有同工討論會（同工已增至

六人），會中不只檢討得失，更愼重地思考下次應該用什麼來餵養她們。

　　本來我們也考慮到孩子的問題，但孩子們似乎有他們自己的天地，尤其初中以上的孩子根本就不願再跟在媽媽的屁股後面走了。幾乎所有中年喪偶的媽媽都面臨到家庭四分五裂的情況。爸爸還在時至少晚上仍然一家人同桌共餐，爸爸一走，共桌晚餐已不再那麼重要，不是兒子一邊吃飯一邊看電視，就是女兒還和她的女友在電話中喋喋不休，結果往往只有媽媽一個人望桌興嘆。我因先夫過世時孩子還小，這種情況不是馬上出現，我現在習以爲常，反而樂得清靜，一邊吃飯一邊看書。但一位喪夫不久孩子又快上大學的媽媽，就一時無法接受這種轉變而鬱鬱寡歡，認爲自己不再是被需要的人了。

　　至於丈夫移情別戀而被拋棄的媽媽們，面臨的是另外一種局面。雖然夫妻失和，雙方卻都在孩子身上下功夫，大概想彌補自己造成的虧欠吧。孩子應法律的要求有義務陪另娶的父親出去或同住一些日子。有一些孩子因地理的因素而變成小空中飛人，讓作母親的看得心酸又心疼。

　　父母離婚的孩子，如眼看自己的父親被別的女人搶去，都很同情母親，儼然是媽媽的保護者。雖然表面上因法律和經濟的關係應付著父親，他們的心都向著母親的，倒是作媽媽的本身因爲遭遇這種奇恥大辱，內心往往充滿了恨怒和苦毒。不像喪夫的人只能無可奈何地自哀自憐或埋怨上帝而已。

　　無論如何，喪夫也好、被棄也好，我們都需要重新調整脚步。因此在團契裡，我們用很多的時間分享代禱。不是說靈性高一點的人就能擔當別人的痛苦，我們都是有限的人，不管是

智慧、愛心、時間和精力……等。所以上帝的話語是我們最主
要的糧食。

　　單親團契和其他各種團契也許有很多共同點，如聚餐、讚
美、專題演講……等。但最重要的是要把每個人切實帶到上帝
的面前，讓她們親自體會上帝的大能大愛。一位被離棄的媽媽
就親身體會到，當她被先生和另外那個女人折磨到幾乎要崩潰
時，只有上帝的話語能扶持她、安慰她。

　　耶穌說：「凡勞苦擔重擔的人，可以到我這裏來，我就使
你們得安息。」（太十一28）回顧這幾年來，沒有一天我能不
靠著主的話而過得輕省的。正如耶穌接下去所說的：「我心裡
柔和謙卑，你們當負我的軛、學我的樣式，這樣你們心裡就必
得享安息。因為我的軛是容易的，我的擔子是輕省的。」

　　的確，單親媽媽如果能完全靠上帝的話得到力量，一定能
夠再過得勝的生活。

（發表於 1990 年 7 月 22 日）

名符其實

　　我願名符其實，「滿」有基督「香」氣。

　　母親生第八個女兒時，外公說：「又是女孩子！」也難怪，聽說五姊出生後不久，差點被人家抱去當童養媳呢！好在母親心軟，半路又去把她搶回來。後來雖然連續再生三個女兒，她都不准有人再動這種念頭。五姐的名字已經叫「足香」了，第八個只好被命名為「滿香」，名符其實地心滿意足了。

　　我的名字就是這樣來的，沒有什麼了不起。記得唐崇榮牧師說過，寫文章用筆名不一定就表示比較屬靈或謙卑，用眞名眞姓亂寫一通人家才可以找你算帳。我在台福通訊上寫的，說是文章，倒不如說是見證比較恰當。因此執筆至今都是用眞名，想不到也因而有了一點小名氣，每次參加聯合靈修會，幾乎都有人想看看我的廬山眞面目。有人很坦誠地對我說，看我的人和文章似乎有點不相稱，大概文章看起來比人有份量吧！

　　今年的靈修會有兩個人也想看看我，使我又驚又喜，他們是鼎鼎大名的唐崇榮牧師和黃彼得牧師。我知道他們是心中沒有詭詐，是就說是、不是就說不是的人，我眞擔心他們會指責我在文章中亂用聖經章節斷章取義呢！

　　一位沒信主的朋友，對我的作品也很欣賞，但他說每次我都喜歡引用聖經的話好像在寫八股。但我覺得我的文章如果沒有上帝的話在裡面，簡直只是一篇廢話而已，因為我又不是有高深學問的人，除了述說上帝的恩典外，還有什麼好大書特書

的呢？

　　感謝主，也感謝唐崇榮牧師和黃彼得牧師，沒輕看我是孺婦小輩，反而讚許加上鼓勵，使我更增加爲主作見證的勇氣。但願有一天回到上帝的面前時，也能聽到被稱讚的話。所以，我要更誠實更謙卑的爲主作見證，使父母給我的這個名字，能名符其實、充滿了基督的香氣，而不是在台福通訊上製造自己的名氣而已。

　　　　　　　　　　　　　　　　（發表於1990年9月2日）

在祂手中

> 十七歲的兒子要開車，老媽心中七上八
> 下。

　　有人知道我的兒子都十七歲了，卻還沒學開車，都有點奇怪，也替我慶幸不必太早為他擔心。其實兒子十五歲不到就開始研究各種汽車了，有關汽車的雜誌訂了一大堆，小腦袋已經裝滿了他夢想中的車子。

　　我的原則是：在他高中畢業以前不可能擁有自己的車子，要開車可以，就開我的車子好了。但要他開我那輛1979年的福特老爺車，對他來說簡直是一種「侮辱」，結果他寧可不開車也不開我那輛老爺車。感謝讚美主，省了我不少煩惱。

　　十六歲過去了，十七歲也快過去了，他的同學朋友幾乎都已一車在手逍遙自在，只有他仍然在騎單車，有時乾脆用跑的（他參加學校田徑隊）。但看在作母親的眼裡實在有點不忍，搞不好害他失去男人的尊嚴就得不償失。一天，把他叫過來：「你真的那麼想擁有自己的車子嗎？」「媽咪！妳當真嗎？」兒子有點受寵若驚。結果我們決定用四千塊去找他理想中的車子。

　　終於兒子開始去學開車了。第一天學車回來，他興奮得臉蛋紅紅的，我也替他高興，第二天他要求我陪他出去轉幾圈，以便習慣使用我的車子好考駕照。我心驚膽跳地坐在他的旁邊，全身都繃得緊緊的。可能他不習慣開大車，轉彎時來一個

大幅度的動作，差點把我給摔出去，我驚叫一聲：「主啊，救命！」

真是風水輪流轉，十七年前他的生命在我的肚子裡，十七年後我的生命卻捏在他的手中了。好不容易才回到家，看他前前後後調了好幾次才把車子弄進車庫，我鬆了一口氣，馬上說聲「謝謝」。不是對兒子說的，而是向我的主上帝獻上感謝。

考駕照那天，我請了一天假陪他上戰場，一路上我東叮嚀西交待著，外面又下著毛毛雨，兒子的火爆脾氣被惹得節節上升，我看局勢有點不對，就請他和我一起禱告求主幫忙，兒子沒好氣地說：「不要麻煩了。」真的，「平日不燒香臨時抱佛腳」又有何用？所以等他和考官一上路，我趕快在心裡默禱：「主啊！可憐我吧！我可不能常常請假的。」

感謝主！兒子總算勉強通過，他不太相信他會在及格邊緣，我趁機教訓他：「是上帝憐憫我才讓你通過的。」這次他不再吭聲。

從今以後他一定像一隻長滿羽毛的鳥，海闊天空隨他飛翔了，如果我仍想在他的腰上栓一條繩子拉著，只有自討苦吃而已。但母子連心，剪不斷理還亂，只有把他交在上帝的手中，因為如果祂不允許，人就是一根頭髮也不會掉在地上的。

因此我的口忍不住要發出讚美了：「主啊！我感謝讚美祢，因為祢特別看顧孤兒寡婦。當我們好像沒有依靠時，祢是我們的磐石；當我們好像沒有勇氣時，祢是我們的力量；當我們好像沒有指望時，祢是我們的希望；感謝祢永遠與我們同在，讚美祢，因為我們在祢的手中。」

（發表於 1990 年 11 月 11 日）

迎向更年期

　　更年期。真的是女人的盡頭嗎？我覺得我
的人生好像才真正開始呢！

　　女兒不知從那裡剪了一篇文章下來，放在我的桌上，是有
關更年期的。裡面說到一個女人如果體格嬌小，當她接近四十
五歲時就會面臨更年期，應該注意營養、補充鈣質，否則一不
小心會有骨折的現象……等等。

　　我看了真是好氣又好笑，我這個女兒在我的生日時一向花
樣很多，所以她的母親已經幾歲了她是一清二楚的，想不到她
還關心到我的更年期呢！

　　當我剛搬來加州時是四十歲，女人的問題很困擾我，所以
去看婦產科醫生，記得我曾建議把子宮拿掉算了，免得麻煩。
醫生說，不要小題大作了，再幾年這些問題就會自然消失的。
坦白說，那時我並沒有慶幸的感覺，反而有點悲哀呢！再幾年
我就不再是有功用的女人了。

　　不知道有多少女人和我一樣，對那困擾女人的東西口裡說
討厭！討厭！心裡卻暗自高興，慶幸自己仍然年輕有為。可
憐！我們女人自己這樣看自己，男人看女人也是如此。我有一
位男同事，六十歲，單身，一直還在找四十歲以下的女人為
妻，我問他為什麼一定要四十歲以下的，他說，因為他不要那
些不再是女人的女人，我口裡說：「祝你好運！」心裡卻在罵
他：「臭男人，討不到老婆，活該！」

　　其實，我們應該感謝上帝把女人的身體造成這樣的結構，到了中年就停止生育的功能，否則，古時候的人不懂得節育，要生到幾時啊！就拿我的母親來說吧！她四十四歲生我以後就不再生了。如果她一直有生育的功能，我父親活到七十六歲，她可能要生到七十五歲呢！因為母親只小父親半歲。眞的是老蚌生珠，但誰去照料那些珠子呢？所以我們女子應該歡呼！感謝上帝奇妙的創造。

　　有人對更年期可能有不健康的想法，並且存著恐懼的心在等待著，例如夜間盜汗、紅潮、頭痛、空虛感、憂鬱症、神經兮兮……等。不久前，我再去看我的婦產科醫生，因為時間已經到了，他做了一些必要的檢查和檢驗後，只開給我綜合維他命和加維他命D的鈣片。除非我有嚴重的困擾現象，他不建議我使用賀爾蒙。

　　更年期，眞的是女人的盡頭嗎？我覺得我的人生好像才眞正開始呢！又要上班、又要管家、又要事奉上帝，又要服侍人、又要靈修、又要禱告，難怪以上那些擾人的現象通通沒有，因為沒有時間輪到它們呀！眞的，只要我們願意把剩下的時間交在上帝的手中，日子會更加多彩多姿的，因為「人的盡頭就是上帝的起頭。」

（發表於 1990 年 12 月 1 日）

作者按：因為新的學說，女性賀爾蒙是保持骨中鈣質的主要因素，目前婦產科醫生都贊成女人停經後繼續使用賀爾蒙，我因醫生的建議也開始使用，情況良好。但每人的情況不同，醫生會有最正確的指示。

在為人處世的功課中

（九一至九二年）

更多的代價

> 十七歲的兒子買了車，老媽心知從此要付
> 上更大的代價。

　　答應讓兒子買車後就開始後悔了，但話已出口不能再反悔，只有又求告上帝：「主啊！如果能夠，阻擋他買車好嗎？」

　　兒子並不想隨隨便便買一輛車，他研究一兩年的結果，只有一種車是他中意的，到底那是什麼車，他講了一大堆，我也搞不清楚。有一天他興匆匆地從外面回來，說他在我們家附近看到一輛車在拍賣，要我陪他去看個究竟。我很失望地陪他去，一看更失望了，怎麼是1966年的老爺車，那不是比我的更老爺嗎？兒子說那是古典車（classic），我實在不懂，難道他在找玩具車不成！

　　兒子九歲時他父親就離開我們，從那個時候開始，他好像變成小大人，很多事情他必須自己作決定，像這次要買車，他一直胸有成竹。坦白說，那的確是一輛保養得很體面的古車，價錢也公道。反而車主有點猶疑，這對年輕夫婦因為經濟的關係，不得不割愛，但他們聲稱，希望能找到一個年紀較長、真正喜歡又懂得保養顧惜的人來照顧他們心目中的"baby"，想不到卻來了一個十七歲的華裔小男孩。不過在交談過程中，他們發現我兒子還蠻內行的，最後終於放心地將他們的寶貝交在他的手中。

　　當車子安安穩穩地停在我們的車庫以後，我卻開始煩躁不安起來，我好像看到兒子天天在為地上的財寶摸摸擦擦怕生銹被蟲咬，又要處處防備怕賊來偷，耶穌說：「你們的財寶在那裡，你們的心也在那裡。」（路十二 34）更叫我心煩的是保險費貴得驚人，怎麼辦？本來平靜的心被這麼掀了一下，開始起伏不定了。

　　「我的心哪！你為何憂悶、為何在我裡面煩躁？應當仰望上帝……。」

　　不久前與教會一位姊妹交通有關孩子的問題，她的孩子已經都上大學了，但她的內心仍得不到安息，因為孩子們選的科系叫她擔憂，怕他們將來沒有好的出路，一方面又要承受從親戚朋友來的壓力，怪罪她沒有好好督促孩子走世人認為有前途的道路，華人社會五千年的文化包袱把她壓得喘不過氣來。

　　記得我在信仰上與這位姊妹交通分享，並且一起禱告，忽然她用羨慕又懷疑的口氣問我：「妳的喜樂和平安是真的，還是偽裝的？」一時把我問傻了，喜樂和平安是可以偽裝的嗎？其實每一個基督徒仍然有心裡憂悶和煩躁的時候，但我們和別人不一樣的是，我們「只管坦然無懼地，來到施恩寶座前，為要得憐恤、蒙恩惠，作隨時的幫助。」（來四 16）

　　車子已經買了就是要讓他開，我知道我要付上更多的代價了，不只是金錢，而是更多的禱告。

　　「我的心哪！你為何憂悶？為何在我裡面煩躁？應當仰望上帝，因祂笑臉幫助我，我還要稱讚祂。」（詩四二 5）

信心的危機

　　不要爲明天憂慮，明天自有明天的憂慮。
　　一天的難處一天當就夠了。

　　最近人稱「鐵飯碗」的County Hospital發出一張通知，說是因爲經濟不景氣，各部門都有裁員的可能，弄得人心惶惶。好譏笑的老同事趁機恐嚇我們這些新來的，而好心的同事都建議我應該及早去考執照，免得到時候被宰掉又無處可去。常常聽他們說只有County Hospital才聘用像我這種半路出家的人。

　　的確！我的學歷和人家道道地地讀了幾年書，才拿到工作資格的人實在是不能相提並論。偶爾被那些好打抱不平的同事詼諧一番時，也曾想好好的準備，去考個執照，免得時常被看輕。但想歸想，卻都沒眞正付諸行動。想當初用三個月的時間準備考那已經荒廢十幾年的護士執照，不是也一次就通過？考個技術資格又會難到那裡去？眞的有必要時再去考好了！事情就這樣擱下來了。

　　這次在取笑再加鼓勵下，我下定決心努力一番，就到圖書館去借了一些書回來，心想以我看書的速度，這些書不要幾天就會被我看完。一天，照例晚飯後，我就坐到床上去把那些書拿出來，準備好好享受一天最快樂的時光——看書。不知怎麼搞的，才看幾頁就哈欠連連、昏昏欲睡，看看時鐘還早得很呀！每天我不是都爲必須躺下睡覺而惋惜嗎？而這次，擺在書

桌上的書那麼多，好像永遠都看不完似的。

關於報章、雜誌、小說甚至電視……等我已經好久不再看了，到底那些是可有可無的東西。但像這種為工作不得不看的書，也看不下去怎麼可以，難道就等著被宰不成？以前我常常在感謝上帝讓我得到這個不必動用腦筋的工作，所以我可以專心在祂的話語上下功夫，一方面可造就自己、一方面好幫助別人。最近我們幾位單親團契的同工，覺得應該更加強自己的屬靈生命，所以決定每星期五晚上有查經和禱告，當然這樣下來，屬於自己的時間就更有限了。

「如果有一天被 lay off 怎麼辦？」小信的人不住發問。

「如果有一天被 lay off，上帝一定會再安排去處的。」這是出於信心的回答。

「可是妳已不再年輕了呀！」小信仍然不放心。

「如果因為年紀老大了不再找到工作，說不定上帝會讓我再去當個什麼『娘』呢？」信心裝了個鬼臉。

「你們要先求祂的國和祂的義，這些東西都要加給你們了。所以不要為明天憂慮，因為明天自有明天的憂慮。一天的難處一天當就夠了。」（太六 33～34）信心帶著小信再把這聖經節唸了一次。

「這聖經妳已經讀了那麼多次，難道還信不過我嗎？」上帝出聲了。

拋開那本沈重的組織學什麼的，順手從桌上拿起一本書，一看，是《信心的危機》，不知道在寫些什麼？應該好好讀一讀才對。

（發表於 1991 年 2 月 14 日）

愛心的考驗

那天，她披頭散髮地來叩門，從此我面臨
一連串的考驗

　　她姓啥名誰，我都不知道。一天她披頭散髮地來叩門，把
我嚇了一跳，我們是見過一次面，在她哥哥的家裡。

　　原來她是從舊金山下來洛杉磯找工作的，上次那個地震把
她的工作也震掉了。那邊還有一個未成年的女兒，等她安頓好
後就要搬過來這邊居住。目前她暫時住在她哥哥的空房子裡，
就在我們的後面，那個房子已經空了一陣子準備出租，裡面什
麼都沒有，她就睡在地上。

　　要找工作沒有電話實在很不方便，那也是她來叩門的原
因。但白天我們母子三人都不在，要讓她使用電話就要給她鑰
匙，我怎能把鑰匙交給一個只見過一面的人呢？因此找了一些
理由想拒絕她，但那些理由說了連自己都知道不是理由，最後
只好心不甘情不願地把鑰匙交在她手中。

　　那天當她風塵僕僕的從外面回來時，我們正在吃晚飯，當
然免不了要再多準備一副筷子了。我們都不習慣在吃飯時高談
闊論，但她卻滔滔不絕、口沫橫飛，兒子投過來好幾次不耐煩
的眼光。好不容易大家都吃飽，正想鬆一口氣，她卻吞吞吐吐
地說她哥哥的房子已經租出去了，意思非常明白，她連躺下睡
覺的地方都沒有。

　　我能說什麼呢？雖然沒有多餘的臥室，客廳倒是有一張沙

發床的。反正她說再過幾天就要回舊金山去，也許上帝故意把她帶到我的面前，是要我向她傳福音吧？看她人生已經過了一大半，卻仍然在茫茫人海中載浮載沈，先生離棄她，長大了的兒女也不理她，身邊剩下最小的女兒仍需她撫養，她的確非常需要上帝的幫助。

一說到上帝她就生氣，你們這些信教的人，最會利用人家落難時誘人上鈎。她說她才不是那種容易上鈎的傻瓜呢！我不敢再多嘴，只暗中為她禱告，希望她快快找到工作，回舊金山去。

感謝主，第二天她真的找到工作了，我也替她高興。但當她說她必須馬上上班，因老板要出國去，一切由她負責時，我差點昏倒！那她要在我的客廳睡多久呀？我把客廳弄得乾乾淨淨、漂漂亮亮，是為查經和禱告用的，不是讓人睡覺的，看來，把傳福音給她的熱心用來幫助她找一個地方住才是正事了。

隔天是禮拜天，一大早我就遞給她一份地方報紙，叫她趕快出去找找看有沒有人要分租房間。我們母子三人仍然整裝到教會去。那是守聖餐之日，每次守聖餐之前，劉富理牧師都會叫受過洗禮及堅信禮的人站起來好好在主的面前省察自己。我一閉上眼睛，就看到披頭散髮的她，在烈日下踽踽獨行。耶穌說：「我餓了，你們不給我吃；渴了，你們不給我喝；我作客旅，你們不留我住；我赤身露體，你們不給我穿；我病了……。」（太廿五 42～43）

「喔！主啊！」我叫了一聲「主啊！」眼淚已傾盆而下。耶穌心甘情願地為我這個自私自利的人掛在木頭上，我卻心不

甘情不願地在接待一個無依無靠的人。「主啊！幫助我吧！我實在一點也不喜歡她。」

　　從教會回來後不久，她也笑咪咪地進來了。手上大包小包的，我好奇地問她是不是找到住的地方了，她說：「沒有，但有人在 garage sale，所以……。」坦白說，如果不是耶穌在後面撐著，這次我真的會暈倒過去了。

　　感謝主，祂實在憐憫我，感動教會一位有愛心的姊妹，願意分擔我的擔子，分租一個房間給她暫住，否則，我這個有限的愛心，一定經不起考驗的。

（發表於 1991 年 3 月 3 日）

面子問題

*可憐哪！我這個有信仰的母親，也想拿兒
女的成就來貼自己的臉呢！*

先夫已去世九年了，這幾年來，我獨自一人在美扶養兩個
孩子，酸甜苦辣只有自己品嘗，每次看到人家有美滿的家庭，
又有乖巧用功的孩子，實在又羨慕又嫉妒呢！

兒子今年終於要上大學了，這個孩子說來也可憐，出生就
有缺陷，年幼又失去父親，身邊除了一個笨媽媽以外，沒有什
麼人可以給他眞正的親情和引導，他可以說是自己在摸索中長
大的，所以他對自己沒有多大信心，卻又固執地自以爲是。當
他漸漸長大時，我發現他喜歡用昂貴的東西來抬高自己的身
價。

這次他在申請大學這件事上也犯了同樣的毛病，雖然加州
有很好的公立學校，他卻夢想到東部的私立大學去，後來在我
的苦勸下才勉強申請一所 U.C. Riverside。我問他說爲什麼不
多申請幾所，竟然說是在爲我省申請費，因爲反正他不會去
讀。所以當 U.C. Riverside 接受他時，他一點也不放在心上。

三月中旬了，東部一點動靜也沒有，我比他更心急，有意
無意之間勸他就讀 Riverside 好了，兒子總是對我說，關於大
學的事他比我更清楚，叫我不要再管他，有時甚至故意氣我，
說他要當兵去。可憐哪，我這個有信仰的母親也想拿兒女的成
就來貼自己的臉呢！想到他如沒去上大學，我的臉不知要擺到

那裡去，我眞是欲哭無淚，只有求告上帝了。

信不信由你，越禱告越清楚明白上帝要我學習謙卑的功課呢！祂說「孩子是我的，妳只是受託來養育他而已，如果我要他將來成爲一個平平凡凡的人，沒有學問、沒有地位、沒有財富又怎麼樣？這些都是你們世人所看重的，但我是看重他的內心是否誠實、敬虔、忠心。」

其實我自己也知道上帝看人和人看人不一樣，人是看外表，上帝是看內心。可惜世界的潮流非常厲害，身爲基督徒的父母，仍然脫不掉「望子成龍」這個包袱。坦白說，爲了學習這個謙卑的功課，有幾位單親媽媽甚至陪我禁食禱告。

當我勉強順服下來時，東部的好消息來了，兒子高興得不得了，我卻憂喜參半，一年二萬五千元，幾乎是我一年的薪水。「主啊！難道這是祢在他身上的旨意嗎？」，我知道兒子的意志非常堅強，他決定了的事，沒有人可以改變他。但我也知道「在人是不能，在上帝凡事都能，」所以，我仍然迫切爲兒子禱告，求主幫助他作最正確的選擇。

兒子沈默了好幾個星期，一天他很嚴肅地與我討論經濟情形，最後他說他決定先到 Riverside 讀兩年，看成績怎麼樣再作決定將來的方向。老天！我這個兒子怎麼會說這麼漂亮的話呀！簡直是奇蹟嘛！

的確是奇蹟，「在人是不能，在上帝凡事都能」，到底上帝用什麼方法改變他的心意我不知道，但我知道上帝不只減輕我金錢上的負擔，還顧了我的面子呢！

（發表於 1991 年 4 月 2 日）

靠主得力

> 為了賽跑就要痛下功夫，奔跑天路豈非更
> 要努力？

女兒上高中了，她說她要和哥哥一樣參加學校的田徑隊，我實在有點想笑，看看她那副德性，既喜歡睡懶覺又愛吃零食，也是賽跑的料嗎？

「跑」是要下功夫的。記得兒子一加入田徑隊就沒鬆懈過，不但常常早上四點多起來跑，以前不喜歡吃的食物，為了身體的需要，捏著鼻子也得吃下去，至於甜點、可樂……等，他一點也不敢入口。使我想起保羅說的一句話：「我奔跑不像無定向的，我鬥拳不像打空氣的，我是攻克己身，叫身服我……。」（林前九 26）

孩子參加學校的運動，免不了要花額外的錢，這幾年來兒子花在跑鞋和運動衫的錢可不少呢！因為那些都是特製品，要輕便又耐用，所以很貴。去年他很想買一件代表學校的運動夾克，因為他常常參加校隊出去比賽，得了不少徽章，那些東西可以繡在夾克上。我看兒子除了跑以外好像沒什麼特別出色的地方，所以忍痛陪他去買一件，想不到把那些徽章繡上去，一針一線還要算錢的，結果整件夾克的胸前和袖子都繡滿了，只有背後一片空白，生意人最會動腦筋，準備好多運動明星的照片和名字，讓人選擇可以繡在背上。

誰知道他竟然要繡上 Power by God（靠主得力）三個大

字，我提醒他這件夾克就是他冬天的大衣了，意思是要穿出去的，他卻好像一點也不在意，眞的，去年整個冬天他就穿著那件背後繡有靠主得力的運動夾克到處亮相。

其實我們每一個信主的人也都是在跑，我們是在跑天路，不但不能睡懶覺（早上要起來靈修），更不能吃太多零食（看太多電視和無用的刊物），還要穿戴上帝所賜的全副軍裝，如用眞理當作帶子束腰、用公義當作護心鏡遮胸、又用平安的福音當作預備走路的鞋穿在腳上……等。但最重要的是要知道靠主得力，也就是靠著聖靈隨時多方禱告（弗六 14～18）。

保羅向哥林多教會的人說：「豈不知在場上賽跑的都跑，但得獎賞的只有一人嗎？」的確，我們應該「忘記背後，努力面前的，向著標竿直跑，要得上帝在基督耶穌裡從上面召我來得的獎賞。」（腓三 14）

兒子雖然在跑步上下了很大的功夫，前兩年他都沒有得到什麼獎品，今年，也是最後一年，他終於得到一個獎牌，他就是穿著那件背後繡有靠主得力的夾克上去領獎的。

（發表於 1991 年 4 月 21 日）

我實在太累了

我不想再用種種方法來遮掩自己的過錯，

因為我實在太累了。

在County Hosipital工作了三年多，可以說沒什麼大的壓力，因為是公家機關，一些老資格的工作人員甚至可以請半年以上的病假，都不會被解雇。

雖然在這樣的機關作事，我卻不想貪任何小便宜。耶穌說我們若不在小事上忠心，人家怎麼會把大事交在我們的手中？所以我的確盡量要把每一件事都作得盡善盡美。可惜一些同事不了解我的原則，以為我是在表現給上司看，因此如果看到我有什麼過錯就樂不可支、幸災樂禍。

久而久之，為了保護自己不受傷害，只要是對自己不利的情況，我就會像一隻刺蝟展開全身的刺，明明是自己的過失，也要想盡辦法來推卸責任，甚至懷疑是別人故意陷害我。

我因孩子的關係不能早點上班，幾年來一直在作善後的工作，就是下班以前要收集一天中所有的切片組織，放在特製的機器裡，第二天早班的人就可以拿出來開始作業。這個工作說簡單非常簡單，卻疏忽不得，一不小心就會出差錯，不但影響第二天的工作程序，還會耽誤病人的診斷。三年來，我的確有不少次疏忽，也忍受了不少的冷嘲熱諷。

一天，像這樣的事又發生了，我和以前一樣本能地想推卸責任，不知怎的，心裡非常難過，眼淚開始在眼眶中打轉，我

知道那是又悔又恨的淚水。為什麼不能謙卑下來坦承自己的過失呢？為什麼不能誠心誠意地向大家道歉？為什麼那麼介意別人的批評？為什麼……

是的，有時世人很難原諒別人的過失、不能包容別人的軟弱。感謝主，我們的天父不是那樣，祂永遠伸出慈愛的雙手等待浪子的回頭，只要我們勇敢地來到祂的面前。當浪子說我不配再稱為祢的兒子時，祂卻用上好的袍子為他遮羞，把尊貴的戒指戴在他的指頭上，並且讓他穿上代表兒子名份的鞋子（因為僕人是赤腳的）。

的確，如果我想盡辦法要把工作做好，卻不能為自己的過失負責，又有何用？終於我鼓起勇氣來到主管的面前，承認是自己的疏忽，求她原諒。我不想再用種種的方法來遮掩自己的過錯，因為我實在太累了。

（發表於 1991 年 5 月 26 日）

她做到了

　　這麼困難的事，她居然做到了！

　　「滿香！我一定要告訴妳，妳叫我作的一件事我做到了……」Fen 的聲音遠從 Arkansas 傳來，非常興奮，我趕快關掉瓦斯爐上的抽風機想聽個清楚。

　　一年多前，當 Fen 從 Arkansas 打電話來時，眞是把我嚇了一跳！怎麼搬到那麼遠的地方去？原來她重新回到醫院當起住院醫師來了。爲了先生孩子，她曾把讀了七年的醫科放在一邊，專心相夫敎子，想不到當先生的事業登峯造極時，卻把她看成一文不值的下女似的，一心一意想作個賢妻良母的她，眞是傷透了心，爲了爭一口氣，她開始尋找造就自己的機會，但談何容易？就在她極端痛苦時，有人帶她來到上帝的面前。

　　本來以爲人定勝天的她，開始求告主的幫助，上帝也奇妙地讓她在一間敎學醫院得到一份研究的工作。我第一次看到她就是她在台上作受洗的見證時，好一個標緻大方的女士。那年的夏天，我們一起去參加台福聯合靈修會，我看她的屬靈生命眞是向主大大的張開，喜樂的泉源不斷地從她心中湧流出來。

　　可惜好景不常，自從另外一個女人介入她與她先生之間的親密關係以後，她好像一個洩了氣的皮球，加上工作忙碌，開始提不起勁來敎會，偶爾來了，都是在應付人情。一天，她坦白地對我說，來敎會對她來說反而變成一種負擔，不來又心中不安。她認爲來敎會會促使她與她先生更不和。我知道她中了

魔鬼的詭計了，但除了為她禱告以外，實在別無他途。

　　時間一天一天地過去，離開教會的她獨自在與魔鬼爭戰，偶爾她會出現我的面前，都是當她筋疲力盡幾乎要崩潰時。每次我也只能陪她哭訴上帝而已。為了不想增加她的負擔，我不太敢打電話給她。直到她從 Arkansas 打電話來，我才知道一切都過去了。

　　奇怪的是，當她一切都失去時，她反而開始感謝讚美上帝，她說早知如此，當初若把一切都交在祂的手中，也不必自己鬥得那麼苦。她說她再也不會離開上帝了，等她完成住院醫師的訓練後，她會回來洛杉磯加入我們的單親團契。目前她的兩個孩子暫時由她先生和另外那個女人撫養。我開玩笑地說那妳應該打電話向那個女人道謝，因為她在照顧妳的孩子。Fen 說那是不可能的，我說禱告看看嘛！在人是不能，在上帝凡事都能。

　　一年來我有時會打電話給她，知道她生活得很忙碌，但也很平靜。想不到她把我說的那句話一直放在心裡呢！那天在電話中，她非常興奮地告訴我，她終於做到了，她向那個女人道謝代為照顧她的孩子，她們竟然在電話中談了兩小時，並且約定以後有機會要一起帶孩子們出去吃飯。

　　耶穌說：「要愛你們的仇敵，為那逼迫你們的禱告。」相信很少有人可以做到，但她作到了！我的朋友 Fen，我真替妳高興。

（發表於 1991 年 6 月 30 日）

眞正的自由

自由人人愛，但何者才是眞自由？

今年暑假帶兩個孩子回已經離開七年的東部去。他倆非常高興，因爲可以看看以前住過的房子和過去一起長大的小朋友們。

早上八點半的飛機，七點我們已在候機室等待了。人來人往，我手中拿著一本書不能專心地看，乾脆看人。我看到一個不到兩歲的小男孩推著他應該坐在上面的手推車橫衝直撞。他的母親在後面幫他控制著，小男孩非常生氣，因爲妨礙了他的自由。

那麼小的孩子都想得到自由，何況長大了的孩子。他們都像長滿羽毛的鳥想自由飛翔，使作父母的常常爲他們提心吊膽。我第一次嚐到那樣的滋味是在百貨公司裡。腳才一踏入大門，兒子女兒各奔東西，人海茫茫馬上失去他們的蹤影，一、兩個小時我都在尋找他們，好不容易被我逮到，已經筋疲力竭，發誓不再同時帶兩個孩子出來了。以後雖然只帶一個，仍然要母雞捉小雞似地緊緊跟在後面，否則一不小心又會失去蹤影。

話說東部的朋友好心招待重遊尼加拉瓜大瀑布。人山人海，兩個大人五個小孩，叮嚀再叮嚀，一定要走在一起。孩子們想去走山洞，一去兩、三個小時才能出來。兩個母親樂得清閒，找個地方坐下閒聊。等到他們出來一算，少了一個！原來

我兒子臨時變卦沒有與他們同行，那麼一段這麼長的時間他人在那裡呢？雖然他已十八歲，但因那是在加拿大國境，他的護照又在我身上，免不了又七上八下地擔心起來了。

美國東部的夏天和台灣一樣，常常晴時多雲偶陣雨。這期間下了幾場大雨，天氣漸漸地寒冷起來。但孩子們的遊興正濃，他們還要坐船到瀑布底下去，這一去又是兩個小時才能上來，我決定回車上拿他們的外套，因為等他們上來時一定更冷了。停車的地方很遠，必須乘坐遊覽公車回去。坐在車內，我的心比外面的空氣更冷：「主啊！祢知道我的兒子在那裡，請把他帶回來我身邊吧！」

不知道有多少次，當孩子像失蹤似地不知去向時，我都這樣向上帝求救，祂也實在憐憫我這個寡婦，從未將過重的擔子放在我的肩上。這次我更迫切地求主施恩。遊覽車到我們停車的地方，我一下車，剛好看到兒子也從另外一節車廂下來。「主啊！謝謝祢。」上帝真的體諒我的軟弱，讓我們這樣碰面了，否則陰錯陽差，不知又要多擔多少的心。

這不就是我們世人的寫照嗎？大家都如羊走迷，各人偏行己路。我們的天父和世上的父母一樣，多麼願意聚集我們像母雞把小雞聚集在翅膀底下。可惜我們從小就有叛逆的心，像浪子一樣不願意待在父親的家裡，非得走投無路到處碰壁，才知道回到慈父的身邊當僕人，也比在外面隨心所欲更自由快樂。

我兒子悶悶不樂地一到車上倒頭就睡。看來他是累了，我也不願再多說他，希望有一天他可以體會出什麼才是真正的自由。

（發表於 1991 年 12 月 8 日）

禮服

一個男孩邀女兒去參加聖誕舞會，為母的
心緒萬端。

　　去年十二月初，長得和我一樣嬌小的女兒對我說，有一個
男孩邀請她去參加學校的聖誕舞會，問我能不能讓她去。其
實，我對一些聖誕節的餘興節目很不以為然，因為和耶穌一點
兒也扯不上關係。但這次是女兒要參加聖誕舞會，怎麼辦？
　　記得好像看過一本書，是父親在回憶他女兒曾經問他能不
能參加學校的某某活動。父親非常為難，不答應嘛，怕傷了女
兒的心；答應嘛，他又認為女兒不適合參加那種活動。考慮了
很久，為了女兒的安全，最後他還是拒絕了。想不到他的女兒
反而非常高興，因為他女兒本身也不想去，卻苦無藉口向同學
說：「不」，既然父親說了，正好給她有充分的理由推辭。
　　我在想，女兒會不會也有同樣的困難呢？「主啊！請給我
智慧吧！」
　　所以我先試探性地問女兒：「妳真的很想去參加聖誕舞會
嗎？」
　　「是的！」女兒一點也不猶疑地回答我。
　　「那個男孩是誰呢？」我希望是我認識的。
　　「同班同學！」
　　「會開車嗎？」
　　「不會！」

　　女兒十五歲，不會開車的男孩子一定也大不了多少，我的心已放下了一大半，既然女兒躍躍欲試，我也不能太古板了。

　　一個禮拜後，女兒開始吵著要去大百貨公司買禮服。這個我倒沒有想到，一件晚禮服要花多少錢呀！結果老母不知陪女兒進進出出大百貨公司幾次，走得腰酸背痛，晚禮服沒買到，反而買了一大堆東西回來。早知道這麼「嚕嗦」，當初就說「不」了。

　　「主啊！祢是萬能的主，想想辦法吧！」

　　忽然靈機一動，晚禮服應該可以用借的，教會那麼多女孩子。因此開始在教會名單上尋找……有了，林家有兩個又活潑又漂亮的女孩子。一通電話打過去，剛好是林媽媽接的，知道我的難題後，電話那頭傳來「過來人」的歡笑聲：「趕快過來，隨妳挑選，大中小都有，有正式的、非正式的、冬天的、夏天的……。」原來件件都是一篇故事呢？有最後五分鐘才買到的，有與人搶購到的。

　　舞會那天，女兒穿上林家的禮服，配上第一雙臨時去買的半高跟鞋，看起來非常漂亮。我也穿了一件比較像樣的衣服在客廳等待著。男孩子是由他父親開車送來接女兒的，站起來比女兒高出一個頭，但一看就知道還是一個害羞的小男生。

　　送走他們後，我嘆了一口氣，有女孩子的母親們，大概要等到把那件白紗禮服穿在女兒身上才能鬆一口氣吧！女兒那麼小，就知道什麼禮服配什麼場合，什麼顏色配什麼季節，以後嚕嗦的事還多著呢！

　　將來我們基督徒要參加羔羊的婚筵時，只有一種禮服，那是用光明潔白的細麻衣作的。不能訂製，不能最後五分鐘才去

買，也不能搶購，更不能向別人借，因爲那是每一個聖徒所行的義。主再來的那日子、那時辰沒有人知道，但早早準備儆醒等待的人就有福了。

（發表於 1992 年 1 月 26 日）

微小的聲音

　　禱告，不在乎聲量大小，而在乎誠心與信
　　心。

　　我有一個同事，個子小小的，作人作事都小心翼翼，可惜溫柔中帶點憂鬱，一點風吹草動就嚇得像隻烏龜躲在硬殼裡。

　　我和她就完全不同，雖然也長得不高大，卻像一隻刺蝟，如果不是有聖靈在我裡面拉著，隨時都可能與人打架呢！

　　因爲我工作的地方眞是五花八門，一不小心就會得罪人，稍微出點風頭就會被攻擊得體無完膚。上帝就是故意把我放在這樣的地方磨練著，想治死我的「老我」，好讓聖靈可以完全管理我的一切。所以，我一點也不敢放鬆，抽屜裡放著聖經，隨時都回到上帝的面前求幫助指引。那位同事看我凡事都靠主得勝，非常羨慕，可惜她雖然是個虔誠的天主教徒，卻沒有禱告讀經的習慣，所以無法從天上得到力量，無形中我成爲她的避難所和傾訴苦衷的對象。

　　她常常要求我要爲她禱告，我口裡答應她，回到家就忘得一乾二淨，最近她的煩惱很多，從她臉上的過敏，到她女兒在學校被同學欺負等，對她來說都是很大的負擔。一天聖靈責備我對她沒有眞正的愛心。

　　我清楚明白聖靈的意思，祂要我與她手牽手一起禱告，就在我們工作的地方，那可要很大的勇氣呢！何況我那一口破英語，上帝知道我在講什麼嗎？我猶疑了好幾天，眼看她的煩惱

有增無減，終於鼓起勇氣告訴她，下班以前我要和她一起禱告，想不到她高興得不得了，信心十足地等待著。

禱告以前，我先與她分享幾節有關禱告蒙應允的經文，如：「你們中間有兩個人在地上，同心合意地求什麼事，我在天上的父，必為他們成全。」（太十八 19）一方面好像在增加她的信心，其實是在鼓勵我自己。真的，我就牽著她的手躲在角落裡，結結巴巴地為她禱告，求主除去她臉上的紅點，求主醫治她母親背部的酸痛，也把她女兒被同學欺負的事交在上帝的手中。

真是奇妙，上帝真的聽了我們的禱告，她的母親已經好多了，她的臉也不再紅腫，更不可思議的是那位欺負她女兒的同學竟然被調到別班去，上帝實在是憐憫我，為了增加我的信心，祂的腳步可真快呢！

先知以利亞在洞中時，耶和華的話臨到他說：「以利亞啊！你在這裡作什麼？他說，我為耶和華萬軍之上帝大發熱心……耶和華說，你出來站在山上……那時耶和華從那裡經過，在他面前有烈風大作、崩山碎石，耶和華卻不在風中；風後地震，耶和華卻不在其中；地震後有火，耶和華也不在火中；火後有微小的聲音，以利亞聽見，就用外衣蒙上臉……。」

有時我們以為禱告蒙垂聽一定要大聲地呼喊、有力地宣告，其實上帝是無所不在、無所不知的，只要誠心誠意，就是躲在角落，結結巴巴用微小的聲音禱告，祂也是會垂聽的。同樣的道理，有時上帝也用微小的聲音對我們說話，除非我們安靜等候，否則也是聽不到的。

（發表於 1992 年 2 月 16 日）

特殊的身份

擁有「特殊的身份」，使我更能與主建立
美好的關係。

　　來美前十年，一直在家相夫教子，對美國社會可以說一知半解，先生走後，我開始出去工作，一位好友警告我說：「小心喔！喜歡吃豆腐的男士可多著呢！」

　　頭一年我仍住在賓州，只作簡單的家庭看護工作。每次帶那位九十歲的老先生上廁所，都要手腳伶俐地擠進去，否則就會被他關在門外，我堅持在旁扶著他，因爲怕他跌倒了。倒是老先生非常生氣，他一定認爲我這個中國小女人竟然吃起他老人家的豆腐來了。

　　來到加州，承蒙朋友的愛顧，讓我在他的檢驗室擔任技術員。那個檢驗室是屬於南加大醫學院的，以前由一位大陸來的醫生在負責。雖然他不再管轄那個檢驗室，卻常常在那裡出出入入。他對我的情況一清二楚，不知什麼時候開始竟打起我的主意來了。起先我都看在他是醫生的面上，禮貌地拒絕他的好意，後來他變本加厲竟然動手動腳，而且甜言蜜語，並以金錢作餌想誘我上鈎。好在我是信主的人，知道什麼是不討神喜悅的，主也保守了我，甚至讓我找到更理想的工作，有機會離開那個檢驗室。

　　在 County 的醫院上班，因是公家機關，保護工作人員的規條倒是寫得清清楚楚。不過私底下不傷大雅的親密動作，只

要大家不介意也沒有人會大驚小怪的。一位我們單位的行政工作人員，他自認為是大眾情人，幾乎所有的女性員工都是他的甜心。我當然也不介意他對我的關懷，只是他喜歡以擁抱來表示友好，叫我很不習慣。他對我的冷淡反應也很不以為然，常常叫我要放輕鬆點，久而久之真是被他惹火了，就坦白告訴他，我討厭來這一套。

難道我是在自命清高嗎？我是一個女人，又是寡婦，有時難免也會夢想什麼時候上帝能差遣一個白馬王子來幫助我、扶持我，並且與我共同撫養兩個孩子。但眼看孩子漸漸長大，他們幾乎不再需要我了，而白馬王子卻還沒有出現。

上帝造亞當後，看他一人獨居不好，再造一個夏娃給他作伴。所以人需要一個伴是理所當然的事，但上帝如果不預備，難道我們不能為主潔身自愛嗎？回顧這幾年，雖然孤單點，卻因而與主建立了非常甜蜜的關係。

保羅對寡婦的教導是：「丈夫若死了，妻子就可以自由，隨意再嫁。只是要嫁這在主裡面的人。然而按我的意見，若常守節更有福氣。」（林前七 39～40）

保羅在說風涼話吧！他又不是寡婦。感謝主，我自己是寡婦，所以我敢證明保羅說的一點也不錯。一個獨居的人，真的更有機會與主建立美好的關係，享受與主親密的福氣。

上帝在每一個人的身上有不同的計劃，成為一個寡婦也是在祂的計劃中，也許上帝就是要用我們這種特殊的身份來榮耀祂的名呢！

（發表於 1992 年 3 月 8 日）

唯一的方法

什麼才是關愛子女「唯一的方法」？

　　兒子上大學以前，我把一本支票簿和一段經節交在他的手中，那段經節記在約書亞記一章8節：「這律法書不可離開你的口，總要畫夜思想，好使你謹守遵行這書上所寫的一切話。如此你的道路就可以亨通、凡事順利。」兒子非常高興，給我一個big hug（緊緊地擁抱）就上路了。

　　幾個月下來，我看見兒子對支票簿的興趣遠遠超過那本律法書，眞是叫我提心吊膽。

　　十二年前，也是我與先夫來美後第七年，我們第一次帶兩個孩子回台去，那時美台之間往來的人不多，所以我們的回去使大家都很高興，想知道這七年來，我們除了生兩個孩子以外有什麼特別的成就否？倒是家母好像更關心什麼似的。我猜得不錯，當她找到機會時，就趕快把她的羅馬字台語聖經交在我的手中。

　　坦白說，七年來我連中文聖經都沒摸過，怎會讀她的羅馬字聖經呢？我知道母親非常難過，可惜那時我不能了解她的心情。現在我終於了解了，因爲一個不讀聖經的人是不能走在上帝的旨意中的，那麼他的人生就會失去方向，以自我爲中心，結果在有限的自我管理下，事情往往是亂糟糟的。

　　記得那時母親並沒有向我說教，不過我想母親跪在床上的時間一定更久了。從小我就看她每天早晚一定跪在硬梆梆的床

上爲每一個家人禱告的。

「我若不信在活人之地得見耶和華的恩惠，就早已喪膽了。要等候耶和華。當壯膽，堅固你的心。我再說，要等候耶和華。」（詩廿七 13～14）

五年後，我把我第一篇登在台福通訊上的文章——「上帝的意念高過我的意念」寄回台灣給母親。六姊夫來信告訴我，母親哭了。誰能了解她的淚水呢？她一定沒有想到她的女兒必須在失去丈夫後，才回到上帝的身邊吧！

想到我的兒子正在步入我的後塵，我眞是又害怕又痛心。

「主啊！我要怎麼辦呢？」

「學妳母親的方法吧！」

我曾使母親憂傷過，現在輪到我來嚐嚐那滋味了。但想到跪不到五分鐘就麻木的腳，我眞是怕死了。難道沒有更好的方法嗎？時代不同了……

「妳母親的方法是唯一的方法。」上帝一點也不妥協。

「是的！主……」撲通一聲又跪下去了。

「至少我不必像母親跪在硬梆梆的床上……。」我如此自我安慰一番。

（發表於 1992 年 3 月 29 日）

不一樣的愛

　　我跟大家一樣敬愛主任，只想好好爲他分
　　勞，豈知同事却將我視爲情敵！

　　五年前，上帝奇妙地把我安排到南加大附屬敎學醫院去上班。在還沒開始上班之前，我在南加大的指導老師就把我未來的主任介紹一番，解剖病理學家，德裔，父母都是醫生，有一個雙胞胎妹妹，兩人都守獨身，是虔誠的基督徒，可惜人很木訥……。

　　爲什麼老師會告訴我這些呢？因爲去面試時，主任問我在那裡受訓畢業的，我一時不知如何回答。爲了學會「切片」這個技術，我只跟指導老師學了幾個月，摸懂機器後就單槍匹馬爲朋友開的檢驗室操起刀來，根本沒上過什麼學堂。記得當時主任的眼睛非常明亮地瞪著我，我只有含含糊糊地把指導老師的名字告訴他了。想不到主任和她在工作上有很密切的關係呢！

　　後來從指導老師口中知道主任當天就去找她，想知道更多有關我的工作背景，當然老師就幫我大吹特吹一番囉！順便把我的遭遇也報告得一清二楚：年輕守寡、以前是護士、先夫是醫生、虔誠信主，爲了撫養兩個孩子才……。因此，第二天我就接到電話通知，馬上辦手續上班。

　　上班不到一個月，就發現主任是一個與眾不同的人。工作態度認眞嚴謹、不苟言笑，外表看起來淸高冷漠，但接觸久

了，知道他有一顆良善溫柔的心，只是不善表達而已。所以我們在他手下工作的人都很敬重他，尤其女同事們都以能爲他效勞爲榮。

在美國這樣開放縱情的社會裡，還有像主任那麼保守嚴謹的人實在難得，所以每次看到他，我會連想到雅各書一章27節所說的：「在上帝我們的父面前，那清潔沒有沾污的虔誠，就是看顧在患難中的孤兒寡婦，並且保守自己不沾染世俗。」

主任雖然很少在工作以外和人打交道，但他對我卻比較關照，偶爾還會跟我打個招呼問安一下，也許知道我也是主內的姊妹吧！坦白說，我越來越喜歡他，我上班的這棟古老的建築物，因有他的存在而變成美麗的城堡了。可惜在工作單位上，我只是一名無名小卒，與主任打交道的事都輪不到我，只有主管和副主管才有機會在工作上和他接觸。

話說那個副主管，和我一樣是華人，也是身邊少了一個「他」。只是年紀大了又不善打扮，所以自卑心很重，無形中養成一副晚娘面孔，最怕別人得到什麼好處。我們都知道她對主任很傾心，可惜主任除了工作上的需要外，好像不曾多看她一眼，反而我這個無名小卒竟得到主任的垂青。她小姐看在眼裡、氣在心裡，把我當情敵似地對待著。凡是主任委託的事，她都一手包辦，有需要別人分勞時，也一定沒我的份，她明明知道大家都喜歡爲主任效勞，卻不給我這個機會。

她把我當情敵看，我也看她不順眼，尤其討厭她包打聽似的，常常主任長、主任短地掛在嘴邊唸個不停。我知道主任不是我的，人家對他傾心關我啥事？可是事實擺在眼前，每次看到她可以藉著工作的關係接近主任，我竟然也會妒火中燒，滿

腹酸氣的。

智慧人說：「心中安靜，是肉體的生命。嫉妒是骨中的朽爛。」（箴十四 30）

「主啊！救救我吧！不要讓我掉在這莫名其妙的苦境中受煎熬。」

禱告歸禱告，奈何心靈願意，肉體卻軟弱了。每次上班，多多少少，偶爾仍會在愛恨中交戰著。上帝看我這麼「低落」，乾脆自己動手，去年夏天，祂把我們親愛的主任調到別州高就去也！

「這下子看你們這些老太婆還有什麼戲唱！」我幾乎可以聽到這樣的斥責聲。

主任走了以後，大家都像洩了氣的皮球，我也失魂落魄了好一陣子，甚至還掉了幾滴眼淚。好在有基督的愛在我裡面，人生雖然有缺欠，日子仍可以好好地過下去。倒是我們那位小姐最可憐，什麼都沒有，既沒得到人的愛，也沒有上帝的愛。不知什麼時候開始，我發現我在為她禱告，希望她也能得到基督的愛。

真是奇怪！同樣是愛，對人的愛就那麼自私、想獨佔，但對上帝的愛卻想分享給別人，可見只有在主裡的愛才是真正的愛、完全的愛。感謝上帝，讓我擁有祂的愛，真好！

（發表於 1992 年 7 月 12 日）

一隻黑狗

那隻可憐的黑狗，是否正像我的孩子呢？

　　一天晚上睡得正甜，忽然被一陣陣狗叫聲吵醒。走到窗前往外一看，剛好看到一個年青人開車走了，心想一定是他留在車上的狗在叫。第二天晚上，我又聽到同樣的狗叫聲，但不再去理會它。第三天是星期六，我打算好好地把房子清理一番，那應該是上星期六要作的事，卻因忙而擱了下來。

　　為了使客廳明亮一點，我打開落地窗的垂直窗簾，赫然看到一隻黑狗軟綿綿地躺在窗外的小庭院裡。那個小庭院是用木板圍起來的，有一個入口。那隻黑狗一定無意間竄入我家那小個小庭院裡，而被反鎖在裡面不得而出。可憐！白天我們都不在，牠再叫也沒人會去理會牠，晚上雖然也叫了，我卻看不清牠真正的情況。看來那隻黑狗已被困在那裡三天兩夜了。如果我沒打開窗簾，也許牠會餓死在那裡呢！

　　我心裡一陣酸楚，可憐的黑狗，牠一定失去求救的信心了吧！看到牠，使我想到自己最近的心境，不也是在晝夜的呼求嗎？上帝好像掩面不看我一樣。也許上帝就是用那隻黑狗在回答我的禱告吧！祂已垂聽了，但我必須等待。

　　最近我的淚水很多，尤其在主日唱讚美詩歌時。想到兒子不再在讚美主的行列裡，我的心破碎，我的靈憂傷，「主啊！我願意付上任何代價，只有稱能把他帶回到祢的面前……。」

　　兒子從小個性就很倔強，也很頑固。他不想做的事，任我

再怎麼推拉都沒用。他開始不上教堂時，我以為他只是在賴床。這是大學生普遍的壞習慣，後來看他是決心不上教堂的，我又急又氣，軟硬兼施，卻只有碰了一鼻子灰。後來他乾脆向我攤牌，他不會為我上教會的，叫我死了這條心。問他為什麼，只說他不願作一個假冒偽善的人，因為他並沒有用心靈和誠實在敬拜上帝。

聽起來好像蠻有道理的，但我知道他中了魔鬼的詭計了。我覺得非常軟弱，對這件事無能為力，所以除了哭訴上帝外又能做什麼呢？但上帝卻像掩面不看我。我好像那隻黑狗，叫了一天、兩天，仍然沒有人來解救，軟綿綿地躺在地上等死。

那隻黑狗除了晝夜求救外，也許也在反省吧！不該離開主人的家，隨便闖入別人的庭院，也許牠在想，只要能再回到主人的身邊，一定不敢再亂跑了。主啊！這是祢給我的啟示嗎？祢允許我的兒子暫時離開祢的家，讓他在外面遊蕩，有一天他吃盡了苦頭，軟軟地躺在地上等死時，祢就會伸出援手。就如祢曾應許的。

「倘若他的子孫離棄我的律法，不照我的典章行。背棄我的律例，不遵守我的誡命。我就要用杖責罰他們的過犯，用鞭責罰他們的罪孽。只是我必不將我的慈愛，全然收回，也必不叫我的信實廢棄。」（詩八十九 30～33）

我不知道什麼時候，兒子才會像聖經中的浪子一樣回頭，也許一年，也許兩年，也許十年，也許二十年，但我絕不會停止為他的回頭而代禱！

（發表於 1992 年 7 月 19 日）

四眼怪物

透過這隻四眼怪物，我看見了自己。

　　我們工作單位的主管，最近去訂了一架雙人用顯微鏡，一方面要教導我們這些組織切片技術人員有關組織的結構，另一方面也要查看我們的技術如何？其實對一個組織切片技術員來說，切片的技術比組織的知識更重要，到底診斷病情是醫生們的事。

　　這種雙人用的顯微鏡看起來真像一隻有四個眼睛的怪物，而它的確如怪物般的可怕。因為把自己的作品（slide）放在鏡頭下，看在主管和自己的眼睛裡，可不是什麼好玩的事。技術如何，一目了然。難怪我們當中工作最馬虎的同事，很不高興主管來這一套。

　　以前大家共同作好的切片送到醫生手裡，好的壞的混在一起，醫生們只要能看出病情，很少會計較切片的功夫的。好的切片看在顯微鏡下，切得又細又平，經過染色後看起來很像一塊印了漂亮花紋的綢絲布。我常常讚嘆上帝創造的奇妙，同樣是用土造的，不同的器官卻有不同的花紋。

　　主管每年都要為我們寫一份工作報告表，呈送到上級去。幾乎每次主管都會在報告表裡稱讚我的工作有專業人員的水準。我自己也很滿意自己乾淨俐落的手腳，所以當我把切片放在那隻怪物的鏡頭下時，我是滿有自信的，也期待得到主管的誇獎。可是當主管把顯微鏡的倍數轉到最大時，我的心就會開

始碰碰地跳起來，因爲在放大的鏡頭下，一絲絲的缺點都逃不過的。

有一天主管在看那位最馬虎的同事的切片，我想他的一定不堪入目吧？趁他不在，我想探頭看個究竟，冷不防主管拋給我一個「不要多管閒事」的眼光，意思是「他的作品如何與妳何干？妳好好作自己的事就是了！」

坦白說，我並不太歡迎那隻怪物，不過我卻從它學到了屬靈的功課。有一天，我們基督徒都會像這些切片一樣地呈現在上帝的面前，有好的，也有壞的。上帝是輕慢不得的，那時祂會把我們像綿羊或山羊般地分開來。至於各人建基的工程是什麼？經過上帝的烈火也必一目了然，因爲「人在那根基上所建造的工程，若存得住，他就要得賞賜。人的工程若被燒了，他就要受虧損。」（林前三 14～15）

想到這裡，再回頭看看那隻怪物，雖然可怕，卻感謝上帝用它來提醒我，不要作一個不冷不熱的基督徒，免得被祂吐出來。至於別人是不是一個好管家，那是他與上帝之間的事，我不必拿自己和別人比較，因爲主給每一個人的恩賜不同。「至於那個人將來如何，與你何干？你跟從我吧！」相信這就是耶穌對像我這種好管閒事的基督徒的回答吧！

（發表於 1992 年 8 月 9 日）

穿耳洞的故事

> 「妳何不就冒充她媽媽？」那位「好心人」這樣建議。

　　女兒的同學十七歲了，她母親終於答應她可以穿耳洞，所以非常高興，約我女兒和她一起去大百貨公司逛逛順便穿耳洞。我當車夫，把她們送到大百貨公司的門口，等她們一切就緒，自會打電話來叫我再去接她們。我估計那至少也是三小時以後的事了。

　　誰知道沒多久電話就來了。原來十八歲以下的孩子穿耳洞需要大人簽字的。這個年頭，作父母的都非常「孝順」子女，一通電話馬上就到。穿個耳洞也那麼慎重其事，還要看我的身份證明呢！店員好奇地看看我再看看女兒的同學：「妳是她的母親嗎？」原來她在奇怪我怎麼會生一個那麼高大的女兒呢？

　　「當然不是，我只是她母親的好朋友。」我忍不住笑了起來。

　　「我們需要她的母親來簽字才能為她穿耳洞。」老天！原來是這麼一回事。

　　這下子女兒的同學有點火大了，她已被這店員折騰了半天，需要母親簽字也不明說，只說需要大人簽字，我是她們的「司機」，當然就找我來了。我看這小妞那麼失望，就自動的向店員保證我待她就像自己的女兒一樣，一切都可以擔保的。可惜美國人不來這一套，規則就是規則，一點也沒有妥協的餘

地。

正在爭論中，忽然旁邊冒出一位客人，他一定像看戲一樣，把來龍去脈都看得一清二楚了，就自作聰明地建議我到別家去，下次就冒充是她的母親好了。

撒個小謊幫個小忙應該不是什麼大不了的事吧！但想到耶穌說：「你們的話，是，就說是；不是，就說不是。若再多說，就是出於那惡者。」（太五 37）我何必爲這種小事來犯罪呢？所以我告訴兩個女孩子，無論如何我都不要撒謊，結果到另外一間商店也是同樣的情形，一定要自己的母親簽字才行。不得已，女兒的同學只好再打電話給她的母親，但因她母親沒空，只好改天再來了。

我看女兒幾年前穿的耳洞已經閉塞了，就鼓勵她再穿一次，女兒非常高興。上次她吵著穿耳洞時因爲年紀還小，我是非常不情願下答應的，可能她印象很深，不敢再要求。這次我自動叫她穿耳洞，她當然喜出望外，難怪一回到家，馬上打電話給另一個同學，把今天穿耳洞的故事從頭到尾講了一遍。我可以想像她們在電話中談些什麼，她的同學一定在責怪我爲什麼不能充當一下母親的角色幫個小忙，因爲我聽到女兒在對她說：「妳又不是不知道我老媽，她無論如何都不願意撒謊的。」

感謝上帝，我沒幫那個小忙。否則女兒以後一定認爲，爲了幫助別人，撒謊是無所謂的，因爲她的母親也是如此行，而她知道我在教會是當執事的。

保羅說：「凡事都可行，但不都有益處。凡事都可行，但不都造就人。」（林前十 23）也許我們以爲不傷大雅的謊言

是無所謂的，誰知道可能會後患無窮呢？相信我女兒一生都不
會忘記這個穿耳洞的故事——尤其當她想撒謊時。

（發表於 1992 年 9 月 20 日 ）

我們依靠的是什麼？

我對錢財一向謹慎保守，不料竟也被捲入
投資風暴！

　　先夫生前有一個很大的希望，就是他這一生一定要變成百
萬富翁，可惜人算不如天算，他連十萬美元都沒賺到就跟世界
說bye－bye了。

　　我出生在貧窮的家庭，從來都不敢作富貴夢，所以先夫留
下的那些錢（其實大部份是公婆及朋友們慷慨餽贈），我都很
小心地守著。十年前銀行的利率不錯，幫了我不少忙，我才有
辦法買一棟公寓與兒女一同安居過日子。

　　後來銀行的存款利率一直下降，經不起教會一位好心朋友
的遊說及保證，我第一次勇敢地把一些錢放在投資產業的公司
裡，利息很高，幾年來都沒有什麼差錯，我以為上帝開天窗在
賜福我了，趕快好心地介紹兩位好友也加入這被賜福的行列。

　　今年年初，房屋貸款利息低到8％左右，很多人都辦理重
新貸款。有人建議我何不趁機多借點房屋貸款來放在投資公司
裡，每個月平白就有多餘的錢貼補家用。聽來很有道理，也很
有誘惑力，這是聰明人賺錢的方法，否則作一輩子窮人也翻不
了身，想了一想，就決定作個「聰明人」。

　　辦理貸款的小姐忙得不得了，匆匆來我家，一次就把初步
的手續費拿走了。等她一走，我的心裡卻開始作難，萬一公司
出了紕漏怎麼辦？結果前前後後我不知打了幾次電話給她，吵

得她有點不耐煩，就說：「既然那麼不平安，不要作算了。」
當然手續費是報銷了，但我的心卻平靜了下來。

　　兒子去年上大學時，我省吃儉用，盡量只靠薪水和利息來
應付他的學雜費，沒有動到本金。可是無形中我變得非常吝
嗇，甚至影響到奉獻的心態。今年我打算從公司拿一萬元出
來，免得又過得那麼拮据。所以七月初我就先通知經手的姊妹
一聲，最慢九月要給我這筆錢，她一口答應，說對我是無條件
的。坦白說，我很感激她幾年來對我特別的照顧。

　　八月中旬，我開始聽到有關公司經營不善的消息，起初以
為只是小小的風波，沒有真正放在心上。後來才知道公司的負
責人已在今年二月捲款逃之夭夭，公司正面臨周轉不靈的局
面。我心裡掛記著兒子的學費，但看到公司面對這麼大的困
難，我也不敢吭聲了。

　　雖然我的區區幾萬元與別人相比好像小巫見大巫，但對我
來說是一輩子很重要的財產，兩個孩子尚未成人，不知要再等
幾年他們才能自立，說真的，我很恐慌，心裡亂七八糟。不過
因為受害者很多，我們單親團契裡就有幾個，為了安慰別人，
反而沒時間去煩惱自己的事了。感謝上帝讓我在這苦難中有
份，否則我如何能與哀哭的人同哭呢？

　　公司面臨困境的消息已一傳十、十傳百，人心惶惶、怨聲
四起，責備的聲音更是到處可聞，我也是對那位經手者很不能
諒解，當初不是講得很好聽？一到緊要關頭卻推得一乾二淨！
但冷靜想一想，如果我是她，我會作得比她更漂亮嗎？倒底人
還是人，除了上帝以外，沒有誰是真正信實的，又有多少人在
自己遭禍時，有能力兼顧別人？

這次受害者相當多，教會裡的弟兄姊妹們也很多，難道上帝不照顧祂的子民嗎？何況公司的工作人員也有一些是教會裡的人，難道上帝不怕祂的名因而受辱嗎？我私底下與劉富理牧師娘討論這個問題，她說：「上帝為了祂的聖潔，有時就不顧惜祂的名了。」使我想到希伯來書作者也說：「萬靈的父管教我們，是要我們得益處，使我們在祂的聖潔上有份。」（來十二 10）

上帝允許這件事臨到祂子民身上，也許要我們重新調整我們的心態，到底我們依靠的是什麼？是依靠無定的錢財呢？還是依靠厚賜百物給我們享受的上帝？但願我們都有受教的心，雖然「凡管教的事，當時不覺得快樂，反覺得愁苦；但後來卻為那經練過的人，結出平安的果子，就是義。」（來十二 11）

所以我們要把下垂的手、發酸的腿挺起來，更專心仰望主，不要一味忿忿不平或批評論斷、或到處找人來伸冤。到底我們依靠的是什麼？詩人說以雅各的上帝為幫助、仰望耶和華祂的上帝的，這人便為有福。因祂為受屈的伸冤、扶起被壓下的人、保護寄居的、扶持孤兒和寡婦。

（發表於 1992 年 10 月 4 日）

我虧欠了她

> 上帝賜福了我，也賜福了她；管教了我，
> 也管教了她！

　　她，一個被離棄的女人，將從佛州搬到加州來。有人認為我最適合幫她安頓下來，因為我自己也是從別州搬過來的。

　　電話我們聊了幾次，我對她說來投靠我信靠的上帝最好了，因為祂特別照顧孤兒和寡婦。印象中她也同意我的看法，所以我心中已經在為這個未曾謀面的姊妹禱告，並高興又有一個人要進入上帝的國度了。

　　要安頓一個家並不容易，她折騰了老半天才在我住的小鎮安頓下來。大兒子與我兒子同年，小兒子才開始要上小學一年級。她不是我想像中的弱女人，和她站在一起，我很像一個跑龍套的，而她是演主角的角色。雖然我們看起來很不相像，卻很快就成為好朋友。

　　其實和她相處久了，才知道她堅強的外表下仍然隱藏了不少的哀怨，她仍然需要扶持和幫助，所以想帶領她來依靠上帝的意念並沒打消。可惜她只把孩子交給我帶到教會，自己利用那段空檔東奔西跑，想為自己找一條出路。她沒有我的幸運，來加州以前已經有好友為我安排工作了。

　　看她每天勞心勞力，真想助她一臂之力，但心有餘而力不足。剛好 TVIC 產業公司有一個很好的投資計劃，利息高達33％。我因為一直相信這是上帝在恩待我，所以就對我這個好

朋友說：「妳來跟著我好了，上帝賜福了我，也就賜福了妳。」結果我們倆人就湊合了一筆錢，放一年才到期的定期投資存款。

一年說長不長，說短也不短，在等待的期間，日子並不好過，免不了會胡思亂想，萬一……怎麼辦？真的是被「貪心又害怕的靈捆綁了」。我比她更緊張，因為是我邀請她加入的。可見我的信心像房子建在沙堆上並不穩固。主憐憫了我，一年後我們倆人都拿到為數可觀的本金加利息。

可以想像的，我們拿回來的錢又回到公司裡面去了，因為吃過甜頭的人很難再抗拒它的魔力。非常慚愧，我把她帶到TVIC，卻仍無法把她帶到教會來。後來她搬了幾次家，距離拉遠了，不過我們仍然是朋友。因為知道她有固定的工作，也買了房子，我就不再那麼關心她的經濟情形，偶爾想再遊說她來教會，她都故意向我挑戰說：如果我願意陪她去賭城賭一場，她就陪我進教堂。

八月中旬，兒子告訴我她把她兒子的學費放在TVIC裡，因為怕她的兒子把錢亂花掉。這些錢是當初她離婚時，法律規定父親要為兒子準備的大學費用。我聽到這個消息真是嚇了一跳，因為那時已開始聽到一些風聲了。我的朋友是一個很積極的人，知道TVIC發生事故就想盡辦法要把那些錢再拿回來，但已太遲了，那時候的TVIC簡直像吸血鬼一樣，一放進去的錢馬上消失得無影無蹤。

我這個朋友，現在真是叫天天不應、叫地地不靈，想賣房子來解決困境，房子又一時賣不出去，我實在虧欠了她。既然無法把她帶上帝的面前，就不該叫她來跟著我，因為雖然上帝

賜福了我，也賜福了她，但上帝管教了我，也就管教了她了！

　　TVIC 的震撼仍未過去，說話的人仍然很多，我這個朋友也收到不少教會裡面的人為她打抱不平的電話，但我在想，如果有更多的人這個時候，開的是錢包而不是口，也許對這些受害者的幫助會更大，因為添油加醋的話語，只有加深受害者的痛苦和悔恨而已。

（發表於 1992 年 10 月 20 日）

不至於羞恥的盼望

這段悲痛羞恥的遭遇，為何要公諸於世？

我在想，有一天那惡者可能來到全能者上帝的面前，上帝問牠說：「你從那裡來？」那惡者回答說：「我從地上走來走去往返而來。」上帝問道：「你看到台福洛杉磯教會有一位姊妹嗎？她把我作在她身上的事都寫出來了。」惡者回答說：「她寫文章難道是沒有原因的嗎？祢且讓她落到無地自容的地步，看她還敢不敢寫。」

那惡者最清楚明白我們人類的弱點了——什麼都可以丟，就是面子丟不得。

兒子女兒在他們十三歲時，都自動願意接受洗禮成為上帝家中的一份子，受洗後也喜愛上帝的話語、上帝的家。我們母子三人同進同出教會，雖然失去一家之主，但耶穌基督是我們的主宰。我很滿意這樣的生活，心裡覺得踏實平安。

可惜這種平安踏實的日子，在兒子上大學後開始動搖了。也許他又進入另一階段的反抗期，他反抗的是我最看重的基督信仰。更糟糕的是我還沒有從震驚中恢復過來，女兒也一腳跟進了。她一直都暗中模仿哥哥，哥哥喜好的，她也要嘗試看看；哥哥反抗的，她也要反抗。

他們可以說正面臨青少年期的屬靈危機，現在最需要的是有長輩的開導和幫助，可惜他們卻固執地拒人於千里之外。我曾想以母親的權威和淚水去壓制和感化他們，只有越弄越糟，

我像一隻鬥敗的公雞，又頹喪又憤怒。

首先受到考驗的是我的愛心，因為他們讓我感到非常沒面子。一個在為主作見證、向人傳福音的人，竟然有叛逆的兒女，我失去向人傳福音的勇氣，覺得自己不配，幾乎不想到教會去，因為看到成羣的青少年在教會裡，而我的兒女卻不在其中。我的心像被千斤重的石頭壓榨著，流出滴滴的苦水，那些苦水常常在我開口唱詩讚美時，從眼睛流到嘴裡又吞到肚子裡。我好像又回到十年前眼睜睜地看著所愛的人走向死亡，又害怕又孤單。

我知道上帝每次允許一些不如意的事情發生在我身上，都是為了造就我，讓我學到新的屬靈功課。但這次我軟弱得連學習的精力都沒有，只有一味地哭訴上帝，求祂憐憫我，賜我更大的愛心去愛他們，賜我屬天的智慧知道如何幫助他們渡過這段屬靈的危機；賜我真正的信心，相信無論如何他們仍在上帝的手中。

如果這件事真的是出於那惡者的攻擊，牠以為我會不敢把這種丟臉的事寫出來，牠是猜對了，我幾乎不敢寫。但想到最近、最能幫助我的人是那些相同遭遇的人，從他們的經歷我得到鼓勵也產生盼望，所以我勇敢地把這件使我感到羞恥的事寫出來，一方面我需要更多的人為我代禱，因為我們的仇敵魔鬼如同吼叫的獅子，正遍地遊行尋找可吞吃的人；一方面也許有人正和我一樣，為兒女的信仰痛心疾首、感到羞恥，那麼至少我的遭遇可以產生同病相憐的安慰吧！

耶穌說我們信祂的人在世上仍有苦難，但我們可以放心，祂已勝了世界。所以我們要學習在患難中也能歡歡喜喜的，相

信保羅說的，在患難中生出忍耐，忍耐生老練，老練生盼望，盼望就不至於羞恥。

　　說我軟弱到無法在這件事上學到什麼功課，其實不然，當我安靜下來時，我還是學到了。上帝愛世界上每一個祂所創造的人，就像父母愛自己的兒女一樣。現在我可以體會出祂對那些還不認識祂、不知道祂是他們的天父、不知道耶穌基督死在十字架上就是為了拯救他們的人，那種痛心一定比我對我的兒女更迫切、更焦急。

　　因為體會上帝這種犧牲的愛，我才敢說誠實話，我才能產生不至於羞恥的盼望。但願有一天，我的兒女能親自體會到上帝，把自己再次委身給祂，是心悅誠服的，不是因為我的帶領，而是聖靈的引導。

　　　　　　　　　　（發表於 1992 年 11 月 1 日）

在長大成熟的期盼中

（九三至九四年）

成長之痛

> 女兒開車出門，我一顆心也跟著七上八
> 下。

　　女兒大概小時候沒玩過玩具車，所以一學會開車簡直像著了魔似的，跑進跑出。我告訴她開車不是爲了好玩，而是爲了需要，但她總是有很多需要出去的理由。雖然只在我們住的社區來來去去，我的心還是跟著她進進出出不得安寧。

　　一個星期天，她說禮拜後就要到鄰城的朋友家去取上次她放在那裡的睡袋。第一次要她自己開那麼遠的車，我實在不放心，一再詢問她知道怎麼去、怎麼回來嗎？女兒大概被我問煩了，開始生悶氣。我看她情緒那麼不穩定，就堅持陪她一起去，結果兩人鬧得很不愉快。

　　從教堂回家的途中，也許女兒的情緒不穩，眞的差點發生車禍，我更有理由不放心了。但她一口咬定是因爲我坐在她旁邊，才會發生這種事，又說如果我不讓她自己去，她永遠也學不會自己開車……等等。

　　我無助地看著她把車子開走，手腳發軟地爬到屋子裡去，口中含含糊糊地禱告著：「主啊！幫幫忙吧！我實在無能爲力管教她了。」

　　過了一陣子，看看時鐘，她應該已到朋友家了。一通電話打過去，那邊已傳來女孩子們的嘻笑聲。問她什麼時候回來，說要再過一些時候，我吩咐她回來以前要先打個電話回來，萬

一在路上出了差錯我才有個定奪。奇怪！記得兒子剛開車時我並沒有那麼緊張呀！但對女兒我就是不放心，難道下意識裡我不願意她長大嗎？

　　直到快吃晚飯時，女兒才打電話回來，我沒聽清楚她在說什麼，只一味地叫她趕快回家，免得天黑了看不清路標。女兒叫了一聲「媽！」我才清醒過來，原來她闖禍了，當她從百貨公司回到朋友家時……「老天！誰允許她開到大百貨公司去的呢？」總之，她把人家停在路邊的車子撞了一個洞了。

　　女兒回到家氣勢已不再那麼囂張，還怯生生地問我要怎樣處罰她呢！我心裡非常清楚，上帝已幫我管教她了，所以我安慰她說：「希望妳能從錯誤中學習長大。」

　　孩子們要長大，必須經過成長之痛，作父母的何嘗不是陪著受罪？我們不要怕把孩子交在上帝的手中讓祂管教。上帝一定不會將過重的擔子放在我們的肩上。

　　感謝主，被女兒撞到的車主，也是一對基督徒，他們很感激女兒留下電話號碼，所以他們很樂意把車子讓我們教會的吳全成兄修理，全成夫婦對我們這些單親真是服務到家，我只能求主親自報答他們的愛心。

（發表於 1993 年 3 月 28 日）

母親的本份

> 從兒子的叛逆與反抗，我體會到什麼才是
> 一個母親的本份。

復活節的下午，兒子又在洗他的車子了。那輛一九六六年的老爺車對他來說像寶貝一樣，常常洗得又光亮又潔白。「如果兒子的心靈也能像那輛車那樣光明潔白多好！」我喃喃自語，其實可以說是在禱告著。

「媽！妳有沒有看到一塊黃色的抹布，是我用來擦乾車身的？」兒子的聲音從車庫喊上來。

他是在說那塊又髒又難看的布呀？糟糕！不久前才被我掃掉了呢！哇哈！這下子不知又要發多大的脾氣，講多少粗話？

回想第一次聽到他在講粗話，我簡直嚇呆了，那種話我連聽都不敢聽，他竟然在講，被教會的人聽到了怎麼辦？但這一點我倒多慮了，因為從此以後他不願再踏進教會一步。

每次聽到他在講那種話，我都非常生氣，恨不得能用強力膠把他的嘴巴黏起來，但我越生氣他就講得越起勁。我每次都在心中叫苦，求主赦免、求主潔淨。坦白說，那一陣子我對這個兒子很灰心，也不斷地自責，都是我教養無方，今天他才會變成這種叛逆的樣子。

為了這個兒子，我除了天天跪在上帝面前求憐憫、求幫助外，也開始找一些有關的書來看，其中一本《傾聽神的聲音》幫助我很大。作者是位有頭有臉的大學校長，長得高貴文雅

（有照片爲證），可惜她也有一對叛逆的兒女，倆人都是七十年代標準的嬉痞，使她丟盡了臉。作者也只能天天跪在地上與上帝爭執。一天，她又灰心到了極點，哭倒在主的面前三個小時，直到聽到上帝對她說：「妳的兒女並不是妳的，他們是屬於我的，是我在照顧他們、關心他們。妳過份的催促，反而使他們成長的速度減慢下來。信靠我，存忍耐的心，有一天妳會因著他們而感到光榮。他們的行爲會變好，也會回到正路上去，雖然他們一直都很倔強，但那些日子將要過去，繼續愛他們吧！我在等候妳表現出我那種耐心和愛心、完全地付出、不求回報。這便是爲什麼我的愛能溶化鐵石心腸，並且把年輕人塑造爲眞正有人格的男女。所以，妳對他們以及對我的信心都要穩固，不可動搖。只管完全安息在我的平安中。」

　　我沒有那種屬靈的耳朵可以聽到上帝的聲音，但我把她聽到的也當作是上帝在對我說的話。從此以後，我不再那麼爲兒子擔心，只想盡一個作母親的本份，照他的本相來愛他、接納他。

　　兒子在學校附近與兩位同學合租一層公寓，偶爾會回來打打游擊，每次他回來我一定煮他最愛吃的，替他補補元氣。一天，聽到他的車子開進車庫的聲音，我馬上下去表示歡迎，並想幫他提那一大堆髒衣服上來。可是當我看到他那一副模樣時，幾乎嚇呆了。一頂黑尼龍帽、黑眼鏡、赤著上身，引擎還沒熄火，又粗又髒的話已經像機關槍地掃射出來。原來他因超速被警察抓到了。他那一副怪像和車子多不相配呀！難怪人家要抓他，八成以爲車子是偷來的。

　　「主啊！他怎麼一點都不像他爸爸呢？」想當年我就是被

他爸爸那清秀的外表所吸引，如果他看到自己的兒子是這副模樣，不知會多傷心？我眞羨慕他先走了一步，不必受兒女的氣。的確！兒子裡外都叫我氣餒，但我仍決定眞正地愛他、接受他一切我看不慣的行爲。

復活節前一個星期他們放春假，所以我斷定他復活節那個周末不會回來。爲了提醒他耶穌的復活，我寄了一張卡片給他，順便將羅馬書六章 5 至 14 節的經文寫在裡面，意思是既然已經與基督同死，就要與基督同復活，並且不要讓罪在身上作王……等等。

結果復活節那天，兒子穿西裝打領帶和我與女兒一同回到教會敬拜復活的主。那是兩年來他第一次回到上帝的家。

兒子還在找那塊擦車身的抹布，他說那是他花十八塊錢買的。我坦白告訴他我掃掉了，且心理已有預備他準會發作一番，但兒子只愼重地告訴我，以後無論看到的東西多髒、多難看、多好笑都不要丟掉。我當然馬上說 O.K.，並向他道歉。正轉身要上樓，我差點不敢相信自己的耳朵，兒子竟然在唱歌呢！

老天！兒子在改變了！我只盡了一個作母親的本份，上帝就動了善工。每次當我灰心喪志時，我常常用羅馬書四章 17 節來勉勵自己──「亞伯拉罕所信的，是那叫死人復活、使無變爲有的上帝。」既然上帝都能使死人復活，難道祂不能改變我兒子的生命嗎？但願所有爲兒女靈命操心的父母們不要怕，只要信，因爲在耶和華我們上帝沒有難成的事。

（發表於 1993 年 5 月 9 日）

三千煩惱絲

為了頭髮憂悶煩躁，我不由歎道：這真是
三千煩惱絲！

　　我這個人不講究穿、不講究吃，就是很介意頭上的三千煩惱絲。每天如果不把它梳得服服貼貼是不敢出門的。所以當上次返台探親的計劃一確定，我就刻意選了一天要燙頭髮，以免返台後為它煩惱。

　　因為頭髮的關係，每天我都要提早起床，才能準時去上班。幾年前台福洛杉磯教會開始鼓勵大家清早靈修，這對我來說一點都沒困難，反正本來就要早起的。所以每天我起床後的第一件事，就是把頭髮用髮捲捲好，然後就坐下來讀經禱告。差不多一個小時後，拿掉髮捲，梳出來的頭髮就很像樣，加上靈命又充了電，上起班來精神飽滿、喜氣洋洋。

　　上次要返台，心想當然更要好好做頭髮了。選定的日子一到，我請了四個小時假，開車到常去的一家台灣人開的理髮店，因為是中午，客人不多，馬上就坐到椅子上去了。原來這段時間是華語電視的時間，有新聞報導和連續劇，燙髮小姐一邊剪我的頭髮，一邊看電視，我真怕她一不小心把我的頭髮剪了一個大洞，但為了尊重別人的專業技術，我雖提心吊膽也不敢吭聲。好不容易一切就緒，包了一個大頭坐到沙發上去等。華語電視廣告真多，吃的佔一大半，播出的武俠連續劇還蠻好玩的，難怪小姐看得津津有味。

　　我知道燙頭髮要放兩種藥水，最後那種聽說有固定的作用，沒放的話，算白燙了。小姐仍然在迷電視，把我的頭一捉，就洗起來，我告訴她還沒放第二種藥水呢！但她堅持已經放了。我莫名其妙地讓她洗髮、吹風、梳理，看起來也還不錯。第二天上班同事都稱讚說這次的頭髮燙得很自然，不像剛燙過的。我在鏡子前面左顧右盼，也很高興。

　　隔了兩天，我洗頭髮的時候感覺頭髮是直直的，再照照鏡子，簡直像沒燙過一樣嘛！小姐真的忘記放第二種藥水了！怎麼辦？我這個人最不好意思去和人家理論的，但是再花錢燙一次多不划算呀！結果那天晚上為了這三千煩惱絲翻來覆去不能安眠。

　　「我的心哪，你為何憂悶，為何在我裡面煩躁，應當仰望上帝……。」

　　像這樣小事也要仰望上帝多不好意思！但靈修後我仍然對上帝說了，求祂賜我智慧和溫和的話語，既然蒙恩得救，行事為人就要與蒙的恩相稱，特別在一些芝麻小事上。

　　等到星期六一早，我就打電話給小姐，對方叫我馬上過去，我閉口不說藥水的事，小姐自己一看馬上叫我坐到椅子上，從頭再來，這次她很認真地幫我燙，也沒多收錢。

　　感謝主，雖然是小小的事祂也看顧，其實聖經明說我們的頭髮都被上帝數過的。祂如不允許，一根頭髮都不會掉到地上。

　　　　　　　　　　　　　　（發表於 1993 年 7 月 18 日）

勒住口舌

> 真奇妙，真話比謊話更能讓愛管閒事的人
> 勒住口舌！

　　如果你是一個喜歡打聽別人是非而大肆宣傳的人，那實在是非常糟糕，因為人家一定會像敬鬼神而遠之的躲避你。非常不幸地，在我的同事中就有這樣的一個人，因此我最怕有什麼不可告人的事傳到她的耳中。

　　幾年前我無意間向她透露了我有一些錢放在產業公司裡，有很高的利息收入，她不知是什麼心態，以後就常常會問到那筆錢的事。我看她好像非常羨慕，就問她是否也有興趣投資看看，她卻不敢。因為她不斷查問這件事，使我不得不懷疑她不是在關心我，可能還存著壞心眼等著看好戲呢！

　　我這個同事工作非常認真，只是太小心眼了，很怕別人表現得比她更好。所以對我這個也認真作事的人常抱著敵對的態度，我幾乎可以肯定如果我在什麼事上跌了一跤，她一定會樂死了。因此當產業公司真的發生問題時，我最怕讓她知道。

　　最近加州房地產業不景氣，銀行利息又低，同事間的話題常繞著錢在轉。這位好心的小姐對我那筆錢的事就問得更勤了，真是叫我有口難言。一天我實在被她問煩了，就乾脆對她說：「錢通通沒有了！」她眼睛睜得好大：「唉！出事了吧！」老天，我實在嚥不下讓她幸災樂禍的這口氣，就解釋說：「孩子上大學花費很大嘛！」

　　我看她非常失望的樣子，其實我更失望，我雖暫時躲掉她的囉嗦，卻躲不掉聖靈的責備。我求主原諒我這口舌之罪，但也求祂體諒我的軟弱，千萬別讓她知道我「丟錢」的事，多沒面子，但上帝沒有聽我這樣的禱告。

　　一天她大驚小怪又興緻匆匆地給我看一份洛杉磯時報頭版新聞，我一看差點昏過去，竟然是產業公司的糗事，洋洋灑灑一大篇，寫得清清楚楚。因為是下班時間了，我藉故有事必須先走，但她非常熱心地說明天再看好了。我在心中叫苦，明天真的有好戲可看了。

　　有人說，你如果說了一句謊話，以後就要用幾百句去遮掩，一點也沒錯。想到早上靈修時看到的一句話：「我曾說：我要謹慎我的言行，免得我舌頭犯罪；惡人在我面前的時候，我要用嚼環勒住我的口。」（詩三九 1 ）

　　「主啊！怎麼辦？」我知道今天會落到這種難收拾的下場，就是當初沒勒住口舌的結果。沒辦法，只有打電話給屬靈的牧者了，電話是劉富理牧師娘接的，她的回答和聖經一樣──「是就說是，不是就說不是。」因此我厚著臉皮打電話給那位同事，告訴她真正的情況，並向她道歉我欺騙了她，最後我又加了一句，謝謝她一直那麼關心我的事。

　　真是奇妙，向她說了真心話，她反而安靜了。早知道講誠實話比講謊話更能勒住人的口舌，也不必繞了這麼一大圈。聖經上說：「若有人在話語上沒有過失，他就是完全人，也能勒住自己的全身。」又說：「若有人自以為虔誠，卻不勒住他的舌頭，反欺哄自己的心，這人的虔誠是虛的。」我要感謝愛我的主，祂雖沒有聽我的禱告為我遮羞，但祂卻藉這件事來教導

我口舌的功課。

（發表於 1993 年 8 月 22 日 ）

我成了「天使」

> 我今日做了別人的「天使」，盼有人也成
> 為我兒女的「天使」！

一個主日，我教完成人主日學，一位陌生的女士上前來自我介紹，她是從芝加哥台福瑞柏教會來的，因為常常在台福通訊上看到我的文章，所以很高興有見面的機會。她說我的文章常常讓她體會良多，因為她的情況與我非常相似。

她這次遠道西行是因小兒子要過來這邊讀大學，做母親的除非看到兒子一切就緒，否則怎能安心過日子呢？所以買了一輛日本轎車，母子倆人千里迢迢地開過來了。做母親的希望兩、三天內能安頓好兒子，因為芝城那邊還有兩個兒子，及一間需要她看前顧後的餐館。

那輛日本轎車可能不習慣長途跋涉、又耐不住沙漠的高溫，就在進入加州的邊界拋錨了。眼看遍地只有熱滾滾的紅土，到那裡去找救兵呢？做母親的說，真的只有呼求上帝了。好在她所信的上帝是信實的，而且特別看顧孤兒寡婦，真的不久就出現了警察，幫他們把車子拖到附近小鎮上唯一的修車廠，並且正好碰上一對好心的美國人願意將他們母子倆載到洛杉磯來。

人是照預定的計劃來到洛杉磯，但事情變複雜了。首先車子的問題必須馬上處理，但因碰上勞工節，一切只能等節日過後才能有所行動。不過也因為是勞工節，我有一天的假期，至

少可以幫點小忙。首先打電話給教會的吳全成兄,安排拖車公司把車子拖過來,我對做母親的說,車子交在全成兄的手中,妳可以放一百個心。既然是假日,乾脆出去逛逛華人超級市場。最近這附近真是繁榮得不得了,一點也不比台灣遜色,正宗台灣小吃到處都是。她兒子說很想吃肉圓,豈只是肉圓,他還吃到蚵仔煎呢!

下午抽空去拜訪另外一位單親,因為她們兩人的兒子有相同的興趣進藝術學院,這也是母子倆千里迢迢從芝城來到洛城的原因。聽說加州的這所藝術學院蠻有名氣的,年輕人因志同道合談得津津有味,我們做母親的也天南地北談得不亦樂乎。同是天涯淪落人,好不容易盼到兒女長大了,卻一個一個往外飛,做母親的一時不能適應,千里迢迢也要陪兒子過來。本來有個親戚答應騰出一個房間給她兒子住,卻臨時變卦,使做母親的非常難過。不過也因為這個變卦才使她有機會被安排住在一個主內的姊妹家,有機會來到我們教會。

有時上帝是蠻幽默的,我相信我們這次的相遇是祂特意的安排,因為在閒聊中才發現我們兩人是同鄉,台南縣的新營、鹽水、太子宮三個小鎮都曾留下我們童年天真的腳印。難怪做母親的喜極而泣了。當我知道她為了忙餐館的事已很久沒到教會,就趕快把我的見證從頭再說一遍,總之先求上帝的國和上帝的義,我們所需要的祂一定會供應。這是我親身的體驗,希望她也能來享受這樣的福氣。

的確,這次在洛杉磯多待了這幾天,她已體會到,「若不是耶和華建造房屋,建造的人就枉然勞力;若不是耶和華看守城池,看守的人就枉然儆醒」(詩一廿七1)。

　　眼看兒子一切都已就緒，該是她回去的時候了。看著做母親的眼淚一直在眼眶裡打轉，我就安慰她說，我們這些單親團契的成員都是妳兒子的母親，應該感謝上帝給妳這麼美好的安排。可不是嗎？上帝用祂奇妙的雙手把我們千里迢迢地牽在一起。感謝主，祂讓我有機會先扮演天使的角色，幫助一對千里迢迢來的孤兒寡婦，深信上帝也必安排「天使」來幫助、帶領我的兒女！

（發表於 1993 年 11 月 28 日）

隔壁人家

闊別三十年，竟在異國遇到了幼時的隔壁
人家。

　　在異邦遇到小時候的老鄰居，倍感親切。好不容易邀她到
家裏吃個便飯，當然有好多「想當年」要說了。
　　小時候我家隔壁是一棟很像樣的大房子，不僅有高高的台
階還有寬闊的走廊，而且室內有一個大魚池。印象中那種房子
只有在電影中方能看到，而我小時候卻常常在裡面跑來跑去，
因爲在那個房子裡有幾個和我年紀相仿的孩子們。
　　我們兩家的特色是房子大、孩子多，因過去的大戶人家都
討兩個以上的老婆。不過當我稍微懂事時，我們兩家除了房子
大、孩子多以外，已不再算是「大戶人家」了。我父親是個書
生，不懂得作生意，沒幾年就把祖先留下來的大片祖產丟光
了。而隔壁的老爺聽說是一塊地、一塊地賭掉的。
　　家境的敗落反而使我母親有信耶穌的機會。信主以後我母
親不再爲失去的產業傷心，常常關心別人，特別是隔壁那一大
家子。聽說我的祖父和隔壁的祖母是親兄妹，所以我們不只是
鄰居又是親戚呢！難怪我們兩家之間雖然種了一排藍仔花隔
著，卻有大大小小好多個洞，不只雞呀、狗呀喜歡從這些洞穿
來穿去，大人小孩們也懶得走大門。聽說隔壁有一個女孩子和
我同年同月生，我們兩家乾脆合請一位老媽子幫忙兩位產婦作
月子，那些洞就更方便那老媽子兩地跑了。

　　有一次，我老爸因母親沒事先經過他的同意，就答應教會的人來我們家聚會，因而大發電霆，隔壁大小夫人馬上穿洞來看個究竟，卻忘了關大門，結果隔壁家喜歡賭博的老公就有藉口責怪她倆失職，因爲他正找不到才收到的兩千大元。兩位夫人當然非常委屈但又無法辯白。

　　第二天當她們看到丈夫在街上賭坊賭博時，心想那兩千元一定是被他老兄自己拿去，卻誣栽她們。爲了給他一個教訓，兩位夫人天眞地把他放在賭坊外面的腳踏車扛回去藏起來。結果惹火了老爺，鬧得雞犬不寧，不知何故，箭頭竟對準小夫人，一口咬定是她出的好主意，甚至把那兩千元都怪罪在她身上，說她無論如何要交出那兩千元，否則要她好看。

　　小夫人一股冤氣哭訴無門，只好到廟裡叩頭，又在祖宗牌前發誓希望能還她一個清白。我母親聽到隔壁的吵雜聲，也顧不了自己昨夜才被丈夫臭罵了一頓，馬上穿洞走過去。

　　自從母親信主後，她就一心一意想帶人來信耶穌。尤其對隔壁的一家人更熱心。可惜隔壁人家因作丈夫的不負起養家的責任，生活擔子都落在倆夫人的肩上，那有時間再去聽什麼道理。

　　小夫人被臭罵了一整天，沒吃沒喝，看到我母親像看到救星一樣，馬上請求我母親爲她禱告，如果能找到那兩千元，她決定和我母親一同去作禮拜信耶穌。聽說我母親眞的陪她一起流淚禱告求主施恩。非常奇妙，禱告後她們就將她先生幾十件西裝的其中一件拿起來抖一抖，那兩千元竟然從那件西裝掉出來了。

　　這件事當然使小夫人更有信心要來信耶穌了。可惜生活的

擔子實在太重而無法抽空參加主日崇拜。後來她在小鎮上開了
一間麵食店，作生意的人都習慣初一、十五擺牲果拜拜求福，
小夫人雖然還沒到教會去，卻也不想再拜那些鬼神。當然免不
了有一些好事的人就多言多語的。小夫人為了不想讓別人再來
煩她有關拜拜的事，有一天，她竟下定決心禮拜天不開店要跟
我母親到教會去了。

　　當她下這個決心以後，上帝就開始祝福她的家了。生活情
況漸漸好轉，孩子們也一個一個順利成人，後來她的大兒子還
當了牧師呢！當她的大兒子決定讀神學院時，人家又說話了，
苦了一輩子，應該讓兒子去讀什麼能賺錢的才好，但小夫人對
上帝有信心。現在她已七十多歲，說到這些往事，心中充滿喜
樂和感恩。

　　相隔三十多年，我看她已子孫滿堂，個個都有好的成就又
孝順，在教會也都有事奉，我真為她高興，相信我母親在天上
一定也笑得合不攏嘴，因為當初她苦心播下的一粒種子，現在
已結實累累了。

　　　　　　　　　　　　　　　　（寫於 1993 年 12 月 1 日）

雙面人

上帝既能又公義又慈愛，我這母兼父職的
人，豈不能也做個「雙面人」？

不久前我幫女兒在我工作地點附近找到一個臨時的工作，
每天她下課後就直接開車去上兩個小時的班。自從女兒拿到駕
照以後，我又開始搭公車上班了。如今既然我們工作的地方很
近，回家時我們就一起開車回家，省了我一趟的公車錢。

一家我保了將近二十年的汽車保險公司，最近宣佈不再保
加州的車子，所以我必須尋找另外的保險公司。家中有兩個青
少年在開車，保費實在貴得嚇死人。不過保險公司都有一些節
省保費的名堂，例如好學生就有 25 % 的折扣，當然要善加利
用了。

為了能省下幾塊錢，我老早就吩咐他們趕快去學校要成績
單。眼看重保的期限只剩下兩個星期，與女兒一道回家的路上
我就問她成績單拿了沒有，想不到女兒竟然很不高興地頂了我
一句：「他們需要妳的笨蛋簽名加上五塊錢才願意給。」

我被她那句笨蛋氣昏了，她怎麼可以對我說這樣的話！

記得兒子小時候，有一次大聲對我說話，他父親馬上很嚴
厲地管教他以後對母親講話不能那麼沒禮貌，還罰他站了好
久。女兒已十七歲，現在正坐在我的旁邊，誰來教導她呢？我
如馬上指責她的過錯一定會引起更大的衝突。這真是身為單親
最大的難處，黑臉、白臉都要自己當，擺錯了臉那場面可就不

好玩了！

　　很久很久以前，母親曾與我分享一件事。她說當我讀初中時，因為早上要趕糖廠的小火車上學，常常都很匆促。有一天她看我沒穿外套就要出門，怕我著涼了，就關心地叮嚀我不要忘了穿外套，母親說我很大聲又不耐煩地回答她「知道了！」為了那句不客氣的「知道了」，母親難過了好久，放在心裏好幾年。

　　現在我自己身為人母，才知道被兒女不禮貌地對待實在不好受，有時還滿心羞愧，認為是自己教養無方。後來在團契裡分享時，才知道在牧師、長老的家庭裡，也有這種青少年的問題。不過在雙親的家庭裏有一個好處，可以一個當黑臉，一個當白臉，事情比較容易決解。

　　孩子的確需要好好地教養才會長大成熟，就像栽種物需要除草和灌溉一樣。身為單親要慈也要嚴，實在不容易。什麼時候擺黑臉，什麼時候擺白臉，可以說是一門大學問呢！既然芝蔴小事我都會帶到上帝面前，何況這種大學問了。因此我一面開車一面就禱告起來了：「主啊！我該怎麼做才好？」

　　才一分心，差點就闖了紅燈，馬上來個緊急煞車。女兒又說話了：「媽！我看妳開車的技術越來越差了。」

　　「可不是！」我沒好氣地回答她：「媽媽老了，反應不再那麼靈敏，妳剛才不是也說我是笨蛋嗎？」

　　女兒一臉的不自在，解釋說那不是她的意思。我趁機擺起黑臉來，叫她以後講話不要再用那種難聽的字眼，尤其女孩子講那種話實在不相宜……等等。

　　回到家，我看女兒翻冰箱倒食櫃的，一定是餓了，趕快把

黑臉收起來，以最快的速度煮了一鍋她最喜歡吃的酸辣湯麵。
女兒狼吞虎嚥後爬到床上倒頭就睡，她知道過些時候我會叫醒
她，因為高三了，功課很緊。

　　把廚房收拾乾淨後，我拖著疲憊的雙腳來到書桌前，這是
早晚我與主交通的地方：「主啊！一下子黑臉，一下子白臉，
我豈不是變成雙面人嗎？」我一面嘀咕，一面翻開聖經，剛好
看到詩篇一四五篇 17 節這麼說：「耶和華在祂一切所行的，
無不公義；在祂一切所做的都有慈愛。」原來上帝本身也在扮
演雙面人的角色呀！又是公義，又是慈愛的。祂是全能的神，
一定能把公義和慈愛做得恰到好處吧！

　　為了證明這一點，我繼續翻聖經，終於看到詩篇八十五篇
10 節：「慈愛和誠實彼此相遇，公義和平安彼此相親。」看
到這裡，我只有低頭來到主的面前，感謝我所信靠的主，祂不
會把祂未曾擔過的擔子加在我們身上，既然祂能把黑臉與白臉
擺得這麼漂亮，我也能，當然不是靠自己，而是靠祂，因為在
人是不能，在祂凡事都能。

（寫於 1993 年 12 月 15 日）

棕色的地毯

為了開放家庭，我刻意鋪上棕色地毯。

　　難得星期五能放一天假。本來預定星期四下班後要去買菜的，現在可以等星期五早上再去買，然後還有足夠的時間洗洗衣服、整理房間，最重要的是我那棕色的地毯需要再吸一吸了，因為晚上單親媽媽團契將在我家聚會，我早就宣佈要煮魷魚糠麵請客的。

　　當初買這棟公寓時，我就是看上這棕色的地毯，因為那時孩子們還小，一定很容易弄髒，棕色的地毯比較耐用，不過棕色地毯有一個壞處，一點點白點落在上面就看出來了。本來才吸過不久就因上面散佈了一些小白點，每次有人要來我家聚會或朋友過來吃便飯，還是要再吸乾淨一次，免得看起來邋邋遢遢的。

　　去年感恩節我又興致勃勃地邀請一大堆朋友來家裏吃火雞大餐。為了讓朋友們站在鬆軟的地毯上，我早幾天就請人來用蒸氣把地毯洗過。一個時常在我家出入的朋友竟然建議我應該請完客再洗，她的好意我知道，可惜她與我做朋友那麼多年，竟然不知道我待客的心意。

　　在教會待久了，時常有機會去別人家裡聚會什麼的。有的人家裡鋪的是純白的地毯。我看主人和客人都很緊張，唯恐打翻了什麼弄髒了地毯；如果有人帶小孩子去，那就更麻煩了，

作媽媽的只能跟在孩子的屁股後面跑。像這麼漂亮的地毯要與人分享可不容易呢！

十年前先夫去世後不久，我與兩個孩子從賓州搬到加州來，一方面上班、教養孩子，一方面參加教會的活動，日子填得滿滿的。今年秋天，小女兒也要上大學了，不少好心人開始替我擔心，應該趕快找個老伴，否則孩子走了，將來日子冷冷清清的，怎麼過？我知道有些單親的確有這一方面的憂慮。我常常對她們說，再找個伴不是壞事，但好的伴侶可遇而不可求，不要為結婚而結婚，應該先充實自己的內在生命。一個人如果不知道如何好好自己過日子，怎能好好地與別人一同生活呢？我很欣賞保羅說的一句話：「我無論在什麼景況都可以知足，這是我已經學會的，我知道怎樣處卑賤，也知道怎樣處豐富。」

本來我並不是一個好客的人。記得剛結婚不久，因為先夫先來美深造，我只好住在公婆家等他申請依親，接我過來團聚。從我的房間到廚房要經過大廳，公婆是地方上有頭有臉的人，時常高朋滿座。我這個醜媳婦一腳踏出去看到生人，就頭一低想閃到廚房去，婆婆一定把我叫住，不等我什麼公什麼婆的一一請安完畢，是不能過關的。

來美與夫婿共組小家庭，來往的都是自己的朋友們，生活非常單純。不幸結婚才七年，夫婿就生病了，先夫病中，我們得到很多朋友們的幫忙，真的是在家靠父母，出外靠朋友。所以我搬到加州以後就一改過去不願拋頭露面的個性，開始與人接觸，特別是那些同為單親的媽媽們，希望能在她們最軟弱、心靈受傷的時候扶她們一把。

　　的確！孩子們長大就要飛出去了，但是否會過冷冷清清的
生活却要看自己是如何安排的。我這個鋪了棕色地毯的房子永
遠是開放的。想得到更多的朋友，享受眞正的友情，不只要伸
出自己的手歡迎他們，也要有一塊讓他們輕鬆愉快地站在上面
的地毯吧！

（寫於 1994 年 1 月 2 日）

我還是有一個夢想

人人皆有夢想，我的夢想是什麼呢？

　　每一個人都有夢想。年輕的時候夢想最多，例如想嫁個白馬王子，生兩個金童玉女等等。但夢想眞正能實現的不多，倒是破碎的夢想到處都是。那麼，人不應該再有夢想了嗎？那倒也不必。所以，我還是有一個夢想，夢想能作一個眞正公義又聖潔的人。

　　美國的房地產稅分兩次繳，一次在十二月十日以前，一次在隔年的四月十日以前。每年我都非常注意，免得逾期被罰款。今年不知何故，竟然到了十二月十一日才警覺到。

　　那天是星期六，已經是下午兩點多了，外面下著傾盆大雨，我趕快拿出支票和稅單，上面寫得清清楚楚，在十二月十日以後繳的稅要加上八十三元的罰金。我心裏難過到了極點，只差這麼一天就平白損失了八十三美元。忽然靈機一動，今天是星期六，如果能趕上最後一班收信時間，也許下星期一稅務局可以收到。我趕快寫支票，就在寫日期時我頓了一下……如果寫十二月十一日，那不是看得一清二楚慢了一天嗎？心一橫，就在支票上寫十二月十日，冒著大雨衝到街角的郵筒，一看收信的時間是下午五點，感謝主！終於被我趕上了。

　　就在信被我丟到郵筒裡的那一刹那，一個聲音在我裡面響起：「這算是公義和聖潔的行爲嗎？」

十年前，我花了三千四百美元把一些傢俱及一輛福特轎車從賓州運到加州來。朋友們都認為實在不划算，為什麼不到加州再重新購買？但我怕在人地生疏的地方什麼都要從新買起，一定會麻煩很多人，倒不如花錢圖個方便。

兩年後我以還算便宜的價錢買了一棟三房三廁的公寓，當初從賓州搬過來的舊傢俱就顯得有點寒酸了，因此找個朋友一起到華人開的傢俱店看看。價錢還蠻公道的，而且不加搬運費，馬上選購了幾樣必須的傢俱。店主看我那麼乾脆也不討價還價，就討好地說，他賣東西是不加稅的。我愣了一下，在賓州除了吃的穿的以外都要扣稅的。朋友解釋說我們華人最會逃稅了，反正也捉不到。我心裏一陣作難，大家都逃稅將來政府的福利政策一定會出問題。我請求店主加我的稅好了，他有點不相信，竟然有人自己要求加稅，好奇地問我是不是天主教徒，原來自從他開店以來只有一個神父像我一樣要求他賣東西要加稅。

後來我要再買傢俱時，好不容易找到一間照常扣稅的傢俱店。我問老闆別人都不加稅，為什麼他要加稅，他理直氣壯地說他作生意一定按部就班，我對他的忠誠嘉許了一番，並且祝福他生意興隆。兩年後，我又到這間傢俱店買書架，付錢時老闆說，如果我能付現金可以不扣稅，我嚇了一跳，兩年前他不是理直氣壯地說他作生意都按部就班在作嗎？怎麼也逃起稅來了？店主很感慨地說，別人都這麼作，他鬥不過人家。

我寫了支票，很失望地離開那間傢俱店。我們華人中間難道沒有真正公義又聖潔的人嗎？至少我該做得到吧！這是我的夢想，也是我的願望。

　　想不到當初的夢想和願望，竟然在這區區八十三美元上跌個四腳朝天。如果是上千上萬的數目呢？我雙腳沉重地踏著地上的雨水，慚愧得不敢抬頭望天。「主啊！赦免我吧！」

　　希望這次的失敗讓我更看清自己的污穢，但不再輕看別人的軟弱。不過，我還是有一個夢想，夢想能成爲一個眞正公義又聖潔的人。

（寫於 1994 年 1 月 26 日）

尾聲：驀然回首

在初爲寡婦與單親時

　　一九七九年四月，先夫得了造血不良性貧血，必須作骨髓移植，手術成功機率不到一半。那時我比他更害怕，因爲我怕失去他以後不能單獨把兩個孩子撫養長大。當時兒子六歲，女兒三歲。

　　經過三年多的抗戰，他還是走了。我開始面對何去何從的困境，真想回台灣投奔親人，但考慮到孩子的教育問題，覺得還是應該留下來。所以雖然一時並沒有經濟上的困難，我仍到養老院去作助理護士的工作，想訓練自己負起養家的責任。在養老院作了三個月，一天被一位愛主的醫生娘看到了，她馬上邀請我去照顧她年老的父母，想不到我的生命卻因這兩個年老的美國人而大大地被改造。

　　長期在一個愛主的家庭工作，耳濡目染，我那已枯萎的靈命又開始復活過來了。特別他們家裡那些屬靈的書像肥料一樣地滋養我的心田。但我的心靈並沒有因那些書而得到飽足，反而越來越飢渴。因此我開始渴慕能加入一間以母語敬拜的教會。

　　一天我在一個朋友家，看到一份從加州免費寄給朋友看的工商日報，裡面有台福教會的廣告。那時蔡麟牧師在台福洛杉磯教會當關懷牧師。和他連絡上後，蔡牧師夫婦非常熱心地鼓勵我搬到加州來。從他們寄給我的台福通訊，我知道這正是我想要的教會，但加州那麼遠，我敢過去嗎？那時我還不懂「先

求祂的國和祂的義，我們所需要的祂就會預備」這種道理。不過上帝知道我有一顆飢渴慕義的心，早就在加州爲我預備好道路，只是我還不知道罷了。

在開始安居扎根時

一九八四年五月間，在加州開業的皮膚科醫師張棟梁半夜打電話給我，問我願不願意作切片的工作，他可以送我去南加大醫學院接受技術訓練，因他要接管一間在南加大醫學院已空了兩年的切片檢驗室。我當然一口答應。爲了想搬到加州去，我幾乎天天都在「打擾」上帝，懇求祂一定要幫我在那邊找個工作呢！

一個月以後，我與兩個孩子眞的從賓州搬到加州來了。在蔡牧師夫婦的幫忙下我們很快地就在教會附近安頓下來。孩子們上學，我去受訓，一切都很順利，應該可以大大地歡笑了。但非常奇怪！每禮拜天當我參加主日崇拜時，都哭得很厲害，尤其每次在唱「祂是主，祂是主，祂從死復活作救贖我的主」時，我都哭得唱不出來，不知道爲什麼那時的眼淚那麼多，上帝好像藉著我的淚水在洗滌、醫治、更新我的生命。

在張醫師的檢驗室工作了三年，一天他忽然決定把檢驗室關掉。小信的我不知道上帝正安排我到公家的機關工作，曾擔心了一陣子。奇妙的是當我找到 Connty Hospital 的工作時，他又改變主意不關了。不過張醫師非常高興我能得到更好的工作。後來他的檢驗室又維持了三年才關門大吉，我很感激他給我機會學到切片的技術，眞讓我一生受用不盡。

能在公家醫院上班的確是上帝特別的恩典，因爲有很好的

福利制度。不過上帝不只賜福我，祂也處處在管教我，Conn-
ty Hospital 成為祂管教我的最佳場所，因為我必須與幾個自
私自利又自傲又小心眼的人一起工作。我在那裡被整得東倒西
歪，上帝不但不為我出氣，反而教導我學習忍耐和順服的功
課，因為「沒有權柄不是出於上帝的」。

在面對人生挑戰時

　　經過上帝的鑄磨，祂的事工就交託下來了。一九九○年，
當時守寡半年的美華姊，邀請我與她一起組成一個單親團契。
當初我們的主要目的是要幫助我們已開始進入青少年反抗期的
孩子們。後來我們發現單親本身問題也很多。所以我們非常努
力要先把大人建立起來，只有當大人有自信時，孩子們才會有
安全感。

　　單親的孩子多多少少在心靈上都受過創傷，脾氣古怪，使
作母親的在陪他們長大時免不了有很大的挫折感。我的兩個孩
子不知讓我流了多少哀嘆的淚水。但現在看到他們能正常地成
長，又有進取心，我的心已得到安慰。至於他們與上帝的關
係，我只有放在禱告中。相信我堅定的信仰和對上帝不改變的
信心他們是知道的。

　　一九九一年，上帝讓我看到教會有一些來美後才信主的長
輩，對聖經認識模糊不清，對講道一知半解。我自告奮勇為長
輩們在成人主日學開一班聖經故事班，從舊約講起。承蒙長輩
們的愛護，欲罷不能，甚至講解起新約來了。這迫使我必須買
很多註解的書一邊學習一邊教導，結果得到最大益處的是我自
己，因為研究聖經像在挖寶一樣，其樂無窮。

在長大成熟的期盼中

回顧十二年前，先夫剛過世時，我像一隻驚弓之鳥。感謝上帝用慈繩愛索一步一步地帶領引導，使我們走過的大路小徑都充滿了恩典，祂的確是照顧孤兒寡婦的神。

彼得在他的書信裏有這些話：「你們要將一切的憂慮卸給上帝，因爲祂顧念你們。務要謹守、儆醒。因爲你們的仇敵魔鬼，如同吼叫的獅子，遍地遊行，尋找可吞吃的人。你們要用堅固的信心抵擋牠，因爲知道你們在世上的衆弟兄也是經歷這樣的苦難。那賜諸般恩典的上帝曾在基督裏召你們，得享祂永遠的榮耀，等你們暫受苦難之後，必要親自成全你們、堅固你們、賜力量給你們。願權能歸給祂，直到永永遠遠。阿們！」（彼前五 7～11）

我還在「向著標竿直跑」，我當學的功課還很多、當走的路還很遠。請愛護我、關心我的讀者們，繼續爲我和我的孩子代禱，讓我們日日與主同行，更多榮神益人。

最後我要與大家分享這些年來幫助我最大的一段聖經節、一首詩歌、及幾本屬靈書籍。

聖經節是馬太福音六章 33 節：「你們要先求祂的國和祂的義，這些東西都要加給你們了。」因我親自經歷到這樣的應許，我也常以這節聖經節與單親姊妹們互相勉勵。

詩歌是：「親愛的救主，我願像祢。」，求聖靈幫助我和我所帶領的人能像耶穌一樣的聖潔。

至於屬靈書籍我看了很多，幫助我從自哀自憐中站起來的第一本書是《輪椅上的畫家》，與她相比才知道自己的擔子何等輕省。蔡蘇娟一生只寫了《蔡蘇娟》、《暗室之后》和《暗室珍藏》

這三本書，她的書不只堅定了我的信心，也幫助我很多的朋友們。另外一本我看爲至寶的書是《改變歷史的人——耶穌的一生》，這本書使我更認識耶穌，也更愛祂，願意爲祂擺上一切。

　　自從開始在台福通訊上分享我平凡人生中的點點滴滴，轉眼已過了十二年。

　　十二年，說長不長、說短也不短。十二年，可以使當年上小學的孩子成爲大學生，可以使當年的少婦成爲中年女子，可以使信仰的「幼稚園班學生」成爲受歡迎的成人主日學老師。

　　驀然回首，我只能衷心讚歎：主恩滿徑！主恩滿徑！

台福出版　必屬好書

《日日與主同行》

Daily with the King

著　　者／愛聞思（W. Glyn Evans）
譯　　者／陳玲琇
美金訂價／$10.95

　　本書以靈敏的心眼、清晰的思維、火熱的信心及雋永的筆觸，將每一個執著認眞的門徒，在與主同行的天路歷程中所可能遭遇的困惑、抉擇及情緒起伏，細細省思、深究與昇華，誠爲繼《荒漠甘泉》之後，另一不可多得的靈修良伴！

《台福通訊》

　　周刊，以海外華人移民及台灣讀者爲對象，以腳踏北美、胸懷台灣、放眼世界的視野，用福音性、信仰性、生活性的內容，供應普世骨肉之親身、心、靈的需要。
歡迎索閱，自由奉獻。
北美索閱處／EFCCC Newsletter, 3638 N. Rosemead Blve., Rosemead, CA 91770, U.S.A.
TEL／(818)307-0030
每年每份成本50美元。
台灣索閱處／台南市前鋒路8巷37號
電話／（06）238-1064、236-9949
每年每份成本台幣500元。
亦歡迎爲世界各地親友索閱。

基督徒如何為基督徒趕鬼
《征服黑暗使者》
Defeating Dark Angels
——破除信徒生命中惡靈的轄制

著　　者／柯瑞福博士（Charles H. Kraft）
譯　　者／李賜民
美金訂價／$10.95

　　這不只是一本實用趕鬼手冊，更是一本能徹底更新您對邪靈及靈界爭戰之觀點的力作。作者以資深神學院教授挺身參與趕鬼事奉，尤其是針對基督徒的趕鬼事奉，自有其奠基於聖經真理與實踐經驗的精闢觀點。

《走過外遇風暴》
——真實故事選集

著　　者／容子等
美金訂價／$10.95

　　好故事人人愛聽。尤其是像本書裏的四篇以血淚熬鍊而成的真實人生故事，在《台福通訊》連載時，都曾引發世界各地讀者極大的關注與熱烈的討論。

　　除了故事本身的豐富性外，本書另附有專家及過來人的深刻迴響，讓你更可用理性省思探討，進而以靈性來迎戰任何人生的風暴！

《無情世界有情天》
Life's Not Fair But God Is Good
——苦難人生的突破之道

著　　者／羅勃‧舒勒(Robert H. Schuller)
美金定價／$11.95

　　幾乎無人能完全倖免生命中的傷害、羞辱和不平。儘管如此，本書仍要告訴您：「生命誠然不公平，神卻是美善的。」

　　書中搜集了許多曾遭受生命無情的打擊，仍能屹立不搖的眞實感人見證。他們轉移了自己悲苦的焦點，專注於信望愛的信仰上，而終能在黑夜裡唱出得勝的凱歌；在風雨中享有寧靜的安息。

《挑戰性的移民》

著　　者／王武聰
美金訂價／$6.95

　　在現世的移民旅途中，您我當如何克服萬難，立足生根？而在邁向永恆的移民旅程中，您我又當如何日新又新，不斷提昇？

　　本書「信仰準則」與「生活見證」雙管齊下，深入淺出，清晰具體地解答您對現世與永恆旅途的種種疑難。

《精彩的基督化家庭》

著　　者／蘇文隆
美金訂價／$10.95

　　精彩的基督化家庭，乃是基督徒在倫理動搖、親情淡漠的現代社會中，最深刻有力的見證。

　　聖經如何看婚姻與家庭？基督徒如何在眞理的亮光中，爲人夫、爲人父、爲人妻、爲人母？家庭中的成員，如何人人盡本份、個個享眞愛，一同成長、互相建立？本書有精彩的教導、具體的實例、幽默的故事、實用的建議。

　　本書適合各種年齡、各種背景的家庭成員彼此分享，並可供家庭崇拜、成人主日學或團契、小組研讀討論之材料，更是新婚、結婚週年紀念、生日之極佳贈禮。

《清醒的禱告》

著　　者／柏瑞特（ Richard L. Pratt, JR ）
美金訂價／$5.95

　　禱告，是基督徒生命中最珍貴的福份，亦是最費思量的難題之一。

　　作者以誠摯、平衡的態度，明晰、具體的風格，圖文並茂，從聖經眞理的角度來討論有關禱告的「爲何」與「如何」，面面俱到，深入淺出，乃是難得一見的實用禱告指引。

　　全書共分十四章，每章均附有理解複習題及實踐練習題，故亦爲小組討論或成人主日學之極佳材料。

美金$14.95

美金$5.75

《台語聖歌本》

- 台福新聖詩：台英對照，古典與現代並陳，近年來海外難得一見之崇拜用聖詩集。
- 齊聲讚美（101敬拜詩選）：台英對照，附華語歌詞，乃華人自編自創之敬拜詩歌傑作。

美金$7.95

美金$7.95

兩卷一套美金$15.00

《敬拜詩選卡帶》

- 振奮靈命、扣人心弦，華人自編自寫自唱之動人詩歌。
- 我要來慶祝。A面台語詩歌／B面伴唱演奏
- 爲我骨肉之親。A面台語詩歌／B面伴唱演奏
- 所有詩歌選自本中心出版之《齊聲讚美》敬拜詩選。系列產品尚有：「全地攏著出聲」卡帶（分歌唱帶及伴唱演奏帶）／「齊聲讚美詩選」投影片：分華語、台語、台英對照三種。

《夫妻與主同行》

Quiet Time For Couples

著者／賴諾曼（H. Norman Wright）
譯者／陳玲琇

　　名協談兼作家賴諾曼，從他多年幫助夫婦經歷基督裡的合一所搜集的資料，精選萃輯成「夫妻與主同行」。

　　從本書夫妻將共同發現：
- 促使婚姻生活滋長的愛
- 相伴的藝術
- 順服與領導
- 享受多層次的親密關係
- 如何處理逆境
- 使人脫胎換骨的激勵

《有愛才有羊》
──個人談道・造就栽培手冊

著　者／黃文雄

美金訂價／$12.95

　　據統計，在基督徒當中，經由大大小小各類型聚會而決志信主者，僅佔一小部份，其餘則透過個人的關懷與帶領而接觸信仰。「有愛才有羊」的真理，在此得到最有力的印證。

　　黃文雄醫師秉持對神、對人的愛心，將自幼追尋信仰，信主後實踐和研究個人談道及造就栽培的數十年結晶，與普世華人信徒分享。一般類似的著作，多只注重談道之過程和內容，本書卻在造就栽培課程，以及談道實用材料上，痛下苦功，極具特色。而談道見證分享及分析，更提供了清楚的範例，供有意入門者學習。

　　這本個人談道和造就栽培手冊，將成為您和您教會的得人利器！

《給台灣百姓的福音》

——原「爲我骨肉之親」

著　者／王武聰

美金訂價／$4.50

　　你瞭解現代台灣百姓的信仰心理、對神的觀念、求神拜佛的目的嗎？什麼才是正確的信仰態度呢？敬拜上帝是背祖叛教，還是認祖歸宗？

　　神人關係爲何失調？社會爲何如此混亂？人們內心爲何不得安寧呢？一般宗教如何尋求神人和諧之道以及得救之法呢？

　　眞神啓示給人類的福音又是什麼呢？如何才能與神復和，尋得心靈的滿足？爲何流血贖罪才能得救？耶穌基督是唯一的拯救者嗎？

　　本書提供了深入有力、簡明扼要的答案，這是一本與台灣百姓的信仰對話，幫助慕道朋友踏入信仰之門必備的利器，亦是成人主日學之實用教材。

生活系列　**主恩滿徑**
　　　　　　一位平凡女子的不凡追尋

作　　者　**李滿香**
出　　版　**台福傳播中心**
　　　　　3638 N. Rosemead Blvd.,
　　　　　Rosemead, CA 91770, U.S.A.
　　　　　電話：(818)307-0030
　　　　　傳眞：(818)307-5557
　　　　　訂購專線：(800)888-7796
登記證字號　行政院新聞局局版台業字第1061號
製作承印　天恩出版社／台北(02)362-5732
　　　　　一九九四年五月初版一刷
　　　　　一九九五年十一月初版二刷
　　　　　©1994・版權所有，請勿翻印・
　　　　　本書承蒙多位弟兄姊妹奉獻製作經費，特此致謝。

Life Series　**Through The Path of Grace**
　　　　　—An Extraordinary Journey For An Ordinary Woman
Author　Bonnie Chen
Publisher　Evangelical Formosan Church-
　　　　　Communication Center
　　　　　3638 N. Rosemead Blvd,
　　　　　Rosemead, CA 91770, U.S.A.
　　　　　TEL: (818)307-0030
　　　　　FAX: (818)307-5557
　　　　　Order line: (800)888-7796
First Edition　May, 1994
Second Printing　Nov.,1995
　　　　　Printed in Taiwan, R.O.C.
　　　　　All Rights Reserved
　　　　　ISBN 0-9631789-7-0